MANIA

**IMPERDIBILI POKÉMON
E LE LORO STORIE**

© 2021 Pokémon. © 1997-2019 Nintendo, Creatures, GAME FREAK,
TV Tokyo, ShoPro, JR Kikaku. TM, © Nintendo.

Tutti i diritti riservati.
Mondadori Libri S.p.A., Milano, per l'edizione italiana

Testi a cura di Daniele Cosmo e Alessandro Trezzi, amministratori di Pokémon Central Wiki
Realizzazione editoriale: Studio Noesis

ISBN 978-88-04-74288-3

Printed in Italy
Stampato presso ELCOGRAF S.p.A.
Via Mondadori, 15 - Verona

Prima edizione settembre 2021
Terza ristampa settembre 2022

INDICE

PIKACHU DI ASH .... pg. 13

DRAGONITE DI LANCE .... pg. 25

BLAZIKEN DI VERA .... pg. 33

CHANSEY DELL'INFERMIERA JOY ...... pg. 43

MEOWTH DEL TEAM ROCKET .... pg. 51

CHARIZARD DI ASH .... pg. 61

LUCARIO DI ORNELLA .... pg. 75

BIANCHINO DI LYLIA .... pg. 83

ELECTIVIRE DI PAUL .... pg. 93

TOGEPI DI MISTY .... pg. 101

UMBREON DI GARY .... pg. 109

JIGGLYPUFF .... pg. 117

LYCANROC DI ASH .... pg. 123

WOBBUFFET DI JESSIE .... pg. 133

GARCHOMP DI CAMILLA .... pg. 141

POKÉDEX ROTOM .... pg. 149

SYLVEON DI SERENA .... pg. 157

BEWEAR .... pg. 167

GRENINJA DI ASH .... pg. 175

STEELIX DI BROCK .... pg. 187

PIPLUP DI LUCINDA .... pg. 195

DEDENNE DI LEM .... pg. 207

CARNIVINE DI JAMES .... pg. 213

PSYDUCK DI MISTY .... pg. 221

SCEPTILE DI ASH .... pg. 229

INTRODUZIONE

25 POKÉMON, 25 INCREDIBILI STORIE

I Pokémon sono creature straordinarie e sempre sorprendenti: alcune sono tenere e innocue, altre hanno una forza spaventosa, capace di sconvolgere l'ambiente. Tutte, però, vogliono dimostrare il proprio valore e il proprio talento! Spesso i Pokémon vengono aiutati da un amico umano, come un Allenatore, con cui stringono un legame profondo e speciale, basato sulla fiducia reciproca.

Ogni Pokémon presenta caratteristiche e personalità differenti, che lo portano a perseguire strade diverse: molti vivono per lottare, altri preferiscono esibirsi su un palcoscenico, alcuni aiutano gli uomini a salvare il mondo dalle forze del male, altri ancora vogliono semplicemente cantare.

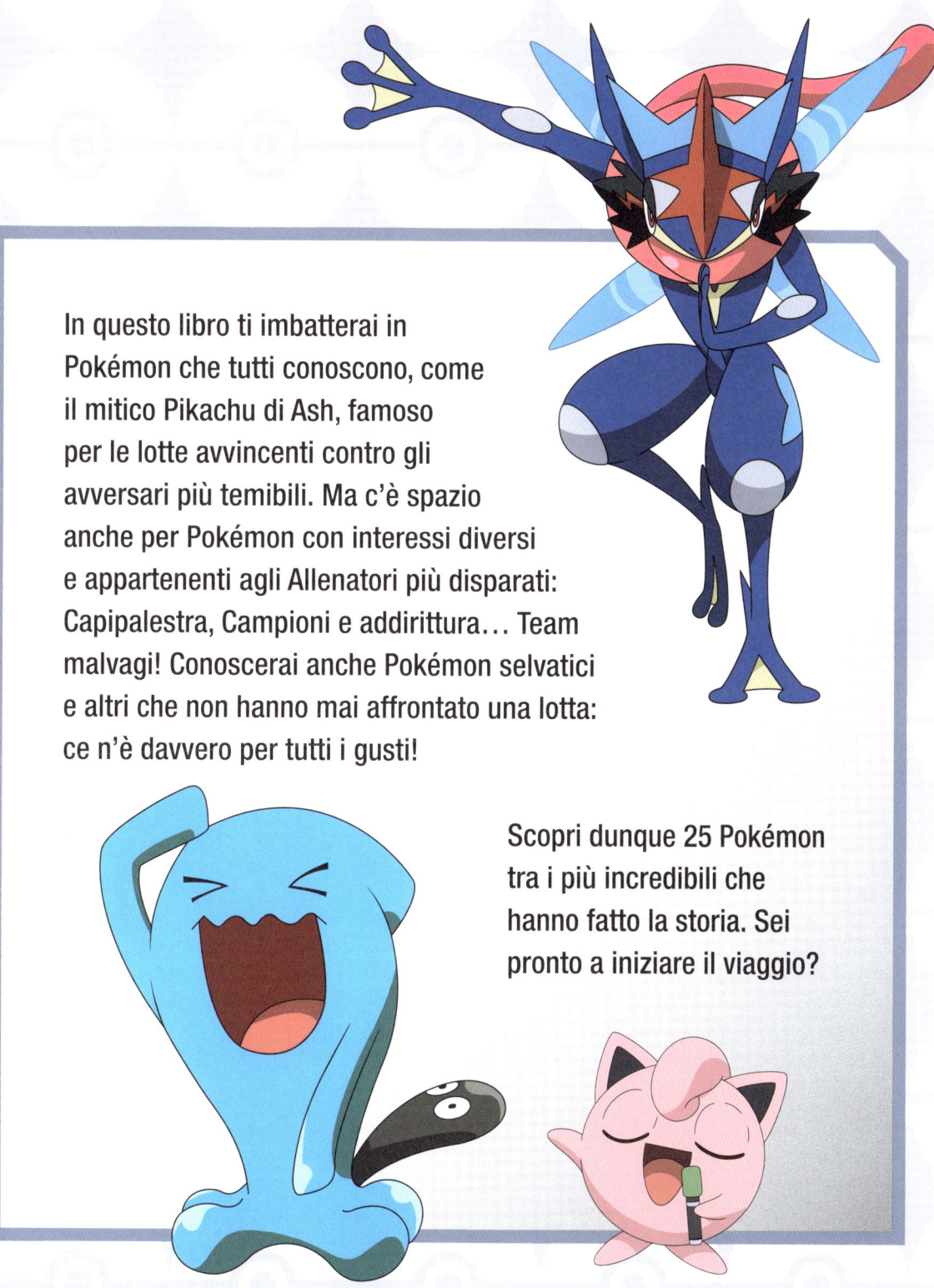

In questo libro ti imbatterai in Pokémon che tutti conoscono, come il mitico Pikachu di Ash, famoso per le lotte avvincenti contro gli avversari più temibili. Ma c'è spazio anche per Pokémon con interessi diversi e appartenenti agli Allenatori più disparati: Capipalestra, Campioni e addirittura… Team malvagi! Conoscerai anche Pokémon selvatici e altri che non hanno mai affrontato una lotta: ce n'è davvero per tutti i gusti!

Scopri dunque 25 Pokémon tra i più incredibili che hanno fatto la storia. Sei pronto a iniziare il viaggio?

SCHEDA POKÉMON
Grazie alle schede conoscerai subito le informazioni di base dei protagonisti del capitolo.

NOME E PRONUNCIA
Il nome e la pronuncia ti permetteranno di prendere familiarità con il Pokémon.

EVOLUZIONE
Nel caso in cui il Pokémon si sia evoluto, qui potrai vedere in quale episodio oppure quando è comparsa per la prima volta la sua forma evoluta.

Carnivine
Pokémon Insettivoro
Pronuncia: Càrnivain
Tipo: Erba
Regione: Sinnoh
Altezza: 1,4 m
Peso: 27,0 kg

Si attacca agli alberi nelle paludi. Attrae le prede con il dolce aroma della saliva e poi le ingoia.

Non si conoscono evoluzioni di questo Pokémon.

TIPO E REGIONE
Il tipo è una caratteristica fondamentale per capire in quali scontri il Pokémon sarà avvantaggiato e in quali svantaggiato. La regione indica in quale luogo il Pokémon è apparso per la prima volta nella serie animata.

DESCRIZIONE
Per scoprire quali sono le caratteristiche peculiari della specie.

ALTEZZA E PESO
L'altezza e il peso ti aiuteranno a comprenderne le dimensioni.

Mosse usate

Morso
Carnivine azzanna l'avversario con i lunghi denti.

Semitraglia
Carnivine spara dalla bocca dei semini gialli che colpiscono il nemico.

Frustata
Carnivine colpisce o stringe l'avversario con due liane che fuoriescono dal suo collo.

Legatutto
Carnivine sfrutta le liane del suo corpo per immobilizzare e stritolare l'obiettivo.

LE MOSSE USATE
Ogni Pokémon può conoscere fino a quattro mosse contemporaneamente, ma spesso ne impara di nuove dimenticandone altre. Qui potrai scoprire tutte le mosse che il Pokémon ha usato nel corso della serie animata.
In alcuni casi sono presenti ulteriori box che includono le mosse Z usate dal Pokémon o delle mosse improvvisate, spesso combinate con quelle di un compagno di squadra.

Nelle pagine successive potrai leggere la storia del Pokémon protagonista del capitolo: avrai modo di conoscere i suoi successi, i suoi migliori amici, i suoi rivali e le sue evoluzioni, ma anche i suoi momenti più bui. A volte è necessaria una sconfitta, anche cocente, per potersi rialzare e superare gli ostacoli!

Un Pokémon… freddino

Caratterialmente, Bianchino è simile alla sua Allenatrice Lylia. È un Pokémon molto riservato e predilige rimanere sulle sue anziché giocare con gli altri. Non gli piace essere avvicinato all'improvviso e non ci pensa due volte a congelare i seccatori. Tuttavia, come la sua Allenatrice, con il tempo diventa più intraprendente e sicuro di sé, impegnandosi per aiutare chi è in difficoltà.

FORSE NON SAPEVI CHE...

- Tra tutti i Pokémon comparsi nella serie animata, Charizard è quello che conosce il maggior numero di mosse, ben diciannove.
- Charizard è il primo Pokémon iniziale di Ash a raggiungere la forma evolutiva finale.
- Nella serie animata, Charizard è il primo Pokémon a sconfiggere un Pokémon leggendario, Articuno.
- Tra tutti i Pokémon evoluti di Ash, Charizard è il solo che ha smesso di obbedirgli per un periodo di tempo.

BOX DI APPROFONDIMENTO
Per scoprire aspetti sorprendenti del carattere del Pokémon e del suo Allenatore oppure elementi specifici del luogo in cui vivono.

FORSE NON SAPEVI CHE…
Tante interessanti curiosità per veri fan!

PIKACHU DI ASH

Evoluzioni

Pichu
Pokémon Topino
Pronuncia: Pìchu
Tipo: Elettro
Regione: Kanto
Altezza: 0,3 m
Peso: 2,0 kg

Le sacche elettriche sulle sue guance sono molto piccole e, se fuoriesce anche solo un po' di elettricità, resta fulminato.

Si evolve prima di *Pokémon, scelgo te!*

Pikachu
Pokémon Topo
Pronuncia: Pìcaciu
Tipo: Elettro
Regione: Kanto
Altezza: 0,4 m
Peso: 6,0 kg

I Pikachu si salutano fra loro unendo le code e facendovi passare elettricità attraverso.

Mosse Z usate

Carica Travolgente
Cristallo Z: Normium Z
Pikachu corre alla massima velocità verso il nemico sollevando una coltre di polvere.

Gigascarica Folgorante
Cristallo Z: Electrium Z
Dopo aver caricato una sfera di elettricità davanti a sé, Pikachu la colpisce con il pugno e la scaglia contro l'avversario.

Spirale Perforante • Cristallo Z: Metallium Z
Pikachu comincia a roteare su se stesso generando un'aura energetica a forma di trivella. Carica quindi l'avversario a piena potenza.

Iperfulmine • Cristallo Z: Ashpikacium Z
Dopo essersi caricato e circondato di corrente, Pikachu rilascia dei fulmini dei sette colori dell'arcobaleno contro l'obiettivo.

Mosse usate

Tuonoshock
Dalle guance di Pikachu si sprigionano delle scariche che colpiscono l'avversario.

Codacciaio
La coda di Pikachu si illumina prima di colpire il nemico.

Attacco Rapido
Circondato da un'aura bianca, Pikachu corre a tutta velocità contro l'obiettivo.

Locomovolt
Ricoperto di energia elettrica, Pikachu carica il bersaglio alla massima potenza.

Elettrotela
Dopo aver caricato elettricità sulla coda e averla lanciata, questa si allarga diventando una ragnatela di corrente che intrappola il nemico.

Fulmisguardo
Pikachu intimidisce l'avversario con lo sguardo.

Sdoppiatore
Pikachu carica il bersaglio con tutto il corpo.

Fulmine
Dopo essersi caricato di elettricità, Pikachu rilascia un fulmine contro l'avversario.

Energisfera
Pikachu carica una sfera di elettricità sulla coda e poi la lancia contro l'avversario.

Tuono
Pikachu scarica un potente lampo elettrico.

Agilità
Pikachu corre agilmente, schivando gli attacchi nemici e aumentando la sua velocità nello scontro.

Trovare il proprio posto nel mondo

Da cucciolo, Pichu vive nella foresta attorno alla città di Biancavilla, nella regione di Kanto. È triste perché tutti i Pokémon della zona hanno una famiglia, mentre lui è solo. Un giorno, inseguito da un gruppo di Koffing, precipita in un burrone, ma viene salvato da una Kangaskhan che, dopo aver capito che Pichu non ha nessuno da cui tornare, lo prende con sé e diventa la sua mamma adottiva. Il Pokémon Topino può quindi restare nel marsupio della Kangaskhan assieme al suo cucciolo, con cui cresce vivendo mille avventure. Con il passare del tempo, però, Pichu si rende conto che per la mamma Kangaskhan trasportare due piccoli sta diventando troppo faticoso e così, una notte, lascia la sua famiglia adottiva per iniziare una nuova avventura. Mentre i Kangaskhan dormono, Pichu si allontana di nascosto e il senso di gratitudine che prova per loro lo fa evolvere in Pikachu. Qualche tempo dopo, Pikachu viene catturato dal Professor Oak.

Ash a Kanto

Ash Ketchum è un ragazzo di dieci anni che decide di intraprendere la carriera di Allenatore per diventare un Maestro Pokémon. Dopo aver ricevuto Pikachu, il suo primo Pokémon, dal Professor Oak, inizia il viaggio nella regione di Kanto assieme agli amici Misty e Brock. Il suo obiettivo è conquistare le otto Medaglie necessarie ad accedere alla Lega Pokémon, imparando e crescendo come Allenatore durante il cammino.

Pikachu, scelgo te!

Il giorno del suo decimo compleanno, il primo da Allenatore Pokémon, Ash Ketchum dovrebbe ricevere il suo Pokémon iniziale dal Professor Oak, ma si sveglia tardi. Quando arriva al laboratorio, scopre che Bulbasaur, Charmander e Squirtle sono già stati presi da altri ragazzi arrivati prima di lui. Ash è disperato: voleva assolutamente un Pokémon con cui iniziare il suo viaggio! Il Professore allora gli propone un'alternativa, ammonendolo tuttavia che il Pokémon in questione potrebbe essere problematico: il ragazzo accetta entusiasta e, dopo aver assistito a una scarica di fulmini proveniente dalla Poké Ball di Oak, fa la conoscenza di Pikachu. Quando Ash lo prende in braccio, il Pokémon lo fulmina e il Professore spiega al giovane che al suo compagno di viaggio non piace il contatto fisico.

Pikachu è un vero tornado: persino l'esperto Oak viene fulminato quando consegna all'Allenatore il Pokédex e delle Poké Ball! Dopo aver scoperto che al suo Pokémon non piace stare all'interno della sfera, Ash inizia il viaggio alla conquista delle Medaglie. Pikachu non apprezza il suo nuovo Allenatore e lo segue malvolentieri, costringendo il ragazzo a trascinarselo dietro legato a una corda. Il Pokémon Topo lo deride anche per la sua inesperienza quando non riesce a catturare un semplice Pidgey. Per dimostrare la sua presunta bravura, Ash colpisce uno Spearow con un sasso convinto di indebolirlo, ma la cosa fa solo infuriare l'avversario, che richiama l'intero stormo e con esso attacca il ragazzo e Pikachu, ferendoli entrambi. Il Pokémon Topo è esausto ma, quando vede il suo Allenatore pronto a subire un'altra carica degli Spearow pur di proteggerlo, comprende i sentimenti di Ash e si rialza per sconfiggere l'intero stormo con un singolo ma potente attacco. Scampato il pericolo, Ash e Pikachu diventano finalmente amici e, come a sancire la nascita del loro legame, vedono volare alto in cielo il Pokémon leggendario Ho-Oh.

Una Poké Ball speciale

La Poké Ball di Pikachu non è come le altre: presenta un logo giallo a forma di fulmine sulla parte superiore che la contraddistingue da una Poké Ball normale. Anche se è unica nel suo genere, a Pikachu non piace comunque starci dentro…

Un triste addio?

Da quella volta, Ash e Pikachu lottano fianco a fianco per sconfiggere i cattivi del Team Rocket o per vincere le Medaglie delle varie Palestre. Un giorno, durante una sosta in una foresta, incontrano un branco di Pikachu selvatici, con cui l'esemplare del ragazzo prova a stringere amicizia. Il primo a rompere gli indugi è un cucciolo, che gli si avvicina e, dopo averlo annusato, decide di dare confidenza al nuovo amico

stringendo la propria coda con la sua. Il gesto convince gli altri esemplari ad accettarlo, ma quando anche Ash prova ad avvicinarsi, il branco si spaventa e scappa via. Il cucciolo, però, inizia a seguire l'Allenatore e Pikachu, incuriosito, ma cade in un fiume: con l'aiuto del Pikachu di Ash e di tutti gli altri, il piccolo viene portato in salvo e il gruppo accetta finalmente il Pokémon del ragazzo.

La sera, i Pikachu iniziano a ballare e cantare e Brock, l'amico di Ash, commenta che per il suo Pokémon deve essere la cosa più bella del mondo trovarsi con altri esemplari della sua specie. Quelle parole fanno riflettere Ash che, dopo aver sconfitto il Team Rocket e aver recuperato i Pikachu che avevano rapito, decide di lasciare l'amico nella foresta con gli altri. Dopo avergli comunicato la sua decisione, Ash scappa, ma Pikachu non lo abbandona e, supportato dal branco, raggiunge l'Allenatore e gli salta tra le braccia. Niente è più forte della vera amicizia!

Amici per la vita

Nonostante le prime incomprensioni, Ash e Pikachu diventano presto inseparabili. Quando il ragazzo lascia i suoi Pokémon al laboratorio del Professor Oak per ricominciare il viaggio in una nuova regione, Pikachu è l'unico che porta sempre con sé!

Battere l'imbattibile

Dopo aver conquistato le quattro Medaglie delle Isole Orange necessarie, Ash ottiene l'opportunità di affrontare il leader della Squadra di Orange. Sfida quindi Drake in una Lotta Totale allo Stadio Pummelo per il titolo di Campione. Il suo primo avversario è Ditto, che è in grado di trasformarsi in qualunque altro Pokémon esistente. Ash non si fa intimorire e sceglie Pikachu. Ditto si trasforma nel Pokémon Topo, però non si trova a suo agio e viene sconfitto facilmente. Dopo un match intenso, ai due Allenatori rimane un solo Pokémon a testa e Ash deve affrontare il potente Dragonite di Drake, che ha già sconfitto tre dei suoi, con Pikachu. Gli ordina di iniziare con Agilità, ma Dragonite lo respinge prima con la coda, quindi lo attacca con Iper Raggio. Con grande prontezza, allora, Pikachu usa la propria coda come una molla, salta in aria e atterra sulla testa dell'avversario, aggrappandosi alle sue antenne. Da questa distanza ravvicinata, Pikachu usa Tuono, sconfiggendo Dragonite e facendo ottenere ad Ash il Trofeo del Vincitore della Lega d'Orange! In questo modo, l'Allenatore e i suoi Pokémon entrano di diritto nella Sala d'Onore dell'Arcipelago Orange.

PIKACHU DI ASH

Testare la propria forza

Allenatori e Pokémon amano mettersi in gioco e sfidarsi tra loro per migliorare e diventare sempre più forti. Il mezzo per farlo sono le lotte Pokémon, dei match in cui ogni Allenatore usa da uno a sei Pokémon per cercare di avere la meglio sull'avversario. Esistono Lotte in Singolo, Lotte in Doppio e Lotte Multiple, ognuna con proprie regole.

Il gatto con gli stivali

Conquistate le otto Medaglie delle Palestre, Ash partecipa ai Campionati di Hoenn, la Lega Pokémon della regione. Arrivato agli ottavi di finale, nella Lotta Totale contro Tyson, Ash usa Pikachu come suo ultimo Pokémon. L'avversario è Metagross, che ha già sconfitto i suoi Swellow e Grovyle, ma i Pokémon di Ash sono riusciti ad aprire una crepa nella sua armatura. Così Pikachu può sfruttare il lavoro dei compagni per sconfiggerlo con Tuono. Ora entrambi gli Allenatori hanno un solo Pokémon disponibile! L'ultima scelta di Tyson è un Meowth molto particolare, che indossa infatti degli stivali, un foulard e un cappello. Meowth inizia con Lacerazione, che Pikachu schiva per poi usare Fulmine, contrastato da una mossa identica. Il Pokémon di Ash prova a colpire con Tuono, ma Meowth risponde ancora con Fulmine, quindi Pikachu carica l'avversario con Attacco Rapido. Il Pokémon di Tyson si difende con Doppioteam prima di attaccare con Codacciaio, che Pikachu contrasta con la medesima mossa. I due continuano a scambiarsi una serie di colpi, fino a quando entrambi non subiscono l'uno il Codacciaio dell'altro: Meowth e Pikachu si rialzano, ma il Pokémon di Ash sviene per la fatica e la vittoria va a Tyson. Ash viene eliminato dai Campionati di Hoenn, posizionandosi però tra i migliori otto della competizione.

Una passione... culinaria!

Pikachu è un buongustaio e mangia qualsiasi cosa, spesso condividendola con il suo Allenatore. In particolare, ha una passione sfrenata per il ketchup: quando ne trova una confezione la requisisce e si mette a piangere se qualcuno gliela ruba o la rompe!

Pikachu l'Asso

Pikachu si dimostra fondamentale per Ash anche nella conquista dei Simboli del Parco Lotta. Quando il ragazzo affronta Fortunata, Asso della Serpe Lotta, sceglie di schierarlo contro il Milotic avversario. Lo sfidante è molto potente ma, grazie alle brillanti strategie del ragazzo, Pikachu sfrutta il Tornado di Milotic a suo favore per potenziarsi e sconfiggerlo con Fulmine, facendo ottenere ad Ash il Simbolo Fortuna. Per il Simbolo Abilità, Pikachu viene usato nella rivincita contro Alberta e il suo Espeon alla Torre Lotta. Con un'abile tattica, Pikachu spegne le luci della struttura con Fulmine per nascondersi alla vista dell'avversario e, appena vengono riaccese, colpisce Espeon con Locomovolt, battendolo. Infine, è sempre Pikachu l'ultimo Pokémon usato da Ash nella sfida decisiva contro il Re Piramide Baldo per il Simbolo Audacia. Lo scontro è tra i più impegnativi che abbia mai affrontato: l'avversario è il temibile Pokémon leggendario Regice! Il Pokémon Topo si scalda con un Fulmine, ma l'attacco non scalfisce nemmeno lo sfidante, che contrattacca

con Bora. Dopo aver congelato il campolotta, Regice riesce a muoversi più velocemente, al contrario di Pikachu, che non riesce a rimanere in piedi. Durante il match, Pikachu viene intrappolato in un blocco di ghiaccio, tanto che l'arbitro sta per dichiararlo sconfitto, ma il Pokémon, incoraggiato dal suo migliore amico e Allenatore, si libera con Fulmine, prima di sconfiggere Regice con Locomovolt. Con questa vittoria, Ash completa la collezione di Simboli, entrando di diritto nella Sala d'Onore del Parco Lotta!

A caccia dei Simboli

Il Parco Lotta è una sfida impegnativa per ogni Allenatore, che deve affrontare sfide in diverse strutture con stili di lotta differenti. Ogni edificio è governato da un Asso Lotta, sconfiggendo il quale si ottiene un Simbolo. Dopo averli collezionati tutti e sette, l'Allenatore ha la possibilità di diventare lui stesso un Asso!

Un pareggio inaspettato

A Sinnoh, Ash arriva ai quarti di finale della Lega del Giglio della Valle, dove affronta Paul, il suo rivale della regione. Inizia l'incontro scegliendo Pikachu, che deve affrontare Aggron, un imponente Pokémon Acciaio-Roccia. Dopo aver indebolito l'avversario, l'Allenatore di Biancavilla lo richiama per far spazio a Infernape. Più tardi Pikachu torna in campo per lottare contro Froslass, ma si trova in difficoltà a causa della velocità dell'avversaria. Nonostante ciò, Pikachu supera la difficoltà e sconfigge il Pokémon di Paul con Locomovolt. Ormai è troppo stanco e, quando si trova davanti a Electivire, non riesce a dare il meglio di sé e viene sconfitto con Breccia. Ash riesce comunque a battere il rivale e ad accedere alla semifinale, dove deve lottare contro un Allenatore di nome Tobias, che è arrivato fin lì utilizzando un solo Pokémon, il

misterioso Darkrai. Con grande difficoltà, Ash riesce a sconfiggere il Pokémon Neropesto e pensa dunque che il peggio sia passato, ma ecco che Tobias fa uscire in campo un Pokémon leggendario: Latios! La differenza di forza tra Latios e i Pokémon di Ash è abissale: l'avversario sconfigge Sceptile e Swellow, lasciando ad Ash una sola opzione, Pikachu. I due migliori amici però non si scoraggiano e il Pokémon Topo affronta il nemico con Attacco Rapido e Locomovolt, seguiti da Codacciaio. Le mosse non hanno effetto su Latios, che lo colpisce a ripetizione con Gigaimpatto. Ash ordina allora a Pikachu di saltargli in groppa e di attaccare ripetutamente con Fulmine. Dopo essere stato disarcionato, il Pokémon Elettro usa Locomovolt per contrastare l'Abbagliante avversario e colpirlo con Codacciaio. Quando il fumo della conseguente esplosione si dirada, entrambi i Pokémon sono KO e la vittoria va a Tobias. Ash riceve comunque i complimenti dal futuro vincitore della Lega del Giglio della Valle per essere riuscito a sconfiggere non uno, ma ben due dei Pokémon più forti di sempre.

Fulmine!

Pikachu è un Pokémon straordinario, ma alle volte combina dei bei guai! Infatti, è solito fulminare le biciclette delle nuove compagne di viaggio di Ash o loro stesse. Misty, Vera, Lucinda, Iris e Clem hanno tutte conosciuto la potenza del Pokémon il giorno del loro primo incontro!

Poké Ball Dance

Sulla strada per Frescovilla, nella regione di Kalos, Ash e i suoi amici Serena, Lem e Clem visitano la Fabbrica Poké Ball, dove vengono accolti da un Team Rocket travestito che offre loro un tour gratuito della struttura, nell'ennesimo tentativo di catturare Pikachu. Per impedire ai ragazzi di usare i loro Pokémon, il trio requisisce le Poké Ball con la scusa di verificare che non siano danneggiate: solo Pikachu si salva, dato che non ama stare rinchiuso nella sua sfera. I cattivi intrappolano quindi il gruppo dopo aver messo il Pokémon di Ash in una teca di vetro anti-elettricità, ma Pikachu riesce lo stesso a scappare. Meowth usa allora la Poké Ball del Pokémon Topo per richiamarlo e sembra avere successo. Sfortunatamente per loro, Pikachu è riuscito a nascondersi e a sfuggire al loro piano; si impegna così a liberare i suoi amici, ma finisce per essere scoperto dal Team Rocket. Meowth lo rincorre per tutta la fabbrica e i due finiscono in ogni tipo di guaio, tra nastri trasportatori, macchinari e Poké Ball di diversi tipi. Nel frattempo, Ash e gli altri si sono liberati e corrono in soccorso di Pikachu. A questo punto ai tre criminali non resta che provare a fuggire con i Pokémon che hanno già rapito, ma il Pokémon Elettro ferma il loro furgone con Fulmine e sconfigge Meowth, recuperando le Poké Ball degli Allenatori: tutto è bene quel che finisce bene!

Pikachu, il mimo

Oltre a essere un Pokémon forte e premuroso con gli amici, Pikachu ha anche un grande talento per le imitazioni. Modificando il proprio corpo e le espressioni facciali, riesce a imitare alla perfezione moltissimi Pokémon, tra cui Wobbuffet e Loudred!

PIKACHU DI ASH

MOMENTO TOP
La mossa più potente

Diventato Campione della prima Lega Pokémon di Alola, Ash affronta il Professor Kukui in un incontro amichevole sei contro sei. All'inizio Pikachu sfida Empoleon ma, dopo essere rimasto intrappolato in un Mulinello, il suo Allenatore decide di richiamarlo per fargli risparmiare le forze. Il Pokémon protettore Tapu Koko, che ha assistito all'intero match, si offre di gareggiare come sesto membro della squadra di Kukui per poter testare la forza di Ash. Dopo aver battuto il Naganadel del ragazzo, sul campolotta rimangono solo lui e Pikachu. Lo scontro inizia con un intenso susseguirsi di mosse, poi il Pokémon Topo sembra passare in vantaggio colpendo l'avversario con una combinazione di Attacco Rapido, Elettrotela e Fulmine. Nonostante ciò, Tapu Koko ne esce indenne e chiede al Professore di usare una mossa Z, ma l'uomo gli spiega che sia lui sia Ash ormai l'hanno già usata. Il Pokémon Nume Locale richiama allora i suoi compagni Tapu Lele, Tapu Bulu e Tapu Fini e, insieme, ripristinano il Potere Z dei due sfidanti. Tapu Koko consegna quindi un Tapium Z a Kukui e insieme eseguono la potente mossa Z Collera del Guardiano, con cui il Pokémon si trasforma in un essere gigantesco. Improvvisamente, l'Electrium Z di Ash inizia a brillare e diventa un Ashpikacium Z: l'Allenatore mette sulla testa del Pokémon il proprio berretto e insieme iniziano a caricare Iperfulmine. Quando le due mosse Z si scontrano, Ash e Pikachu si ritrovano in una dimensione eterea, dove avvertono tutto il Potere Z di Alola e rivivono le loro avventure insieme. Una volta tornati alla realtà, aumentano la forza di Iperfulmine al massimo. L'attacco del Pokémon Elettro surclassa quello di Tapu Koko e lo manda al tappeto. Il pubblico, in delirio, applaude i due vincitori: Ash e Pikachu sono i più forti di tutta Alola!

Ash il Campione

Grazie alla sua abilità e ai suoi Pokémon, Ash riesce a diventare Campione in due regioni, nell'Arcipelago Orange e ad Alola. Pikachu è al suo fianco quando ottiene questi e altri trofei e non può che essere felice dei successi del suo migliore amico.

FORSE NON SAPEVI CHE...

- Al momento, Pikachu è l'unico Pokémon di tipo Elettro mai catturato da Ash.

- Fino all'arrivo di Rowlet, Pikachu è stato l'unico Pokémon di Ash a viaggiare insieme al ragazzo fuori dalla sua Poké Ball.

- Pikachu ha battuto il maggior numero di Pokémon leggendari rispetto a chiunque altro nella serie animata: il Regice di Baldo, il Latios di Tobias, il Silvally di Iridio e Tapu Koko.

- Pikachu è l'unico Pokémon di Ash a potersi evolvere con una pietra evolutiva.

- Sconfiggendo il MegaLucario di Ornella, Pikachu è il primo Pokémon non megaevoluto a batterne uno dopo la megaevoluzione.

PIKACHU

DRAGONITE DI LANCE

Evoluzioni

Dragonite
Pokémon Drago
Pronuncia: Dragonàit
Tipo: Drago-Volante
Regione: Johto
Altezza: 2,2 m
Peso: 210,0 kg

Non si conoscono evoluzioni di questo Pokémon.

È un Pokémon dal cuore gentile. Se vede persone o Pokémon che stanno affogando, non può fare a meno di salvarli.

Mosse usate

Tuononda
Dragonite rilascia una scarica elettrica dalle antenne che ha sulla testa paralizzando l'avversario.

Turbine
Dragonite batte velocemente le ali creando un turbine di vento capace di spazzare via il nemico.

DRAGONITE DI LANCE

Mosse usate

Tornado
Con il movimento delle ali, Dragonite crea un ciclone e lo scaglia contro l'avversario.

Attacco d'Ala
Sbattendo le ali, Dragonite crea due lame di vento dirette contro il bersaglio.

Iper Raggio
Dragonite immagazzina una grande quantità di energia nella bocca e la rilascia sotto forma di raggio contro l'avversario.

Dragartigli
Le unghie delle zampe di Dragonite si illuminano di una luce bianca e il Pokémon attacca l'avversario con un graffio.

Superquattro e Campione

I Superquattro sono i quattro Allenatori più forti di una regione e al loro vertice c'è il Campione, il più potente di tutti! Per diventare Campioni si deve sconfiggere quello in carica in quel momento in un match ufficiale.

Lance

Lance è un membro dei Superquattro della regione di Kanto, nonché il Campione. Accompagnato dal suo fidato Dragonite, gira il mondo per porre fine alle ingiustizie e riportare la pace, come al Lago d'Ira o durante lo scontro leggendario nella regione di Hoenn.

La Lega Pokémon

Molti Allenatori si mettono in viaggio per raccogliere le otto Medaglie di una regione e poter così accedere alla Lega Pokémon, una competizione destinata solo ai migliori. Chi vince la Lega riceve un trofeo e ha l'opportunità di sfidare il Campione.

Fermare il Team Rocket!

Arrivati al Lago d'Ira, nella regione di Johto, Ash Ketchum e i suoi amici Misty e Brock trovano dei Pokémon malati. Allo stesso tempo sentono in lontananza un verso bizzarro. Ne cercano la fonte e scoprono che proviene da un Gyarados infuriato: si tratta di un esemplare speciale, di colore rosso anziché azzurro. Quando il Pokémon li attacca, i ragazzi si danno alla fuga, ma vengono fermati da Tyson, il capo di un gruppo di Reclute del Team Rocket dedicato al Progetto R, un'operazione creata dal malvagio Professor Sebastian per far evolvere artificialmente i Pokémon. Tyson li attacca con il suo Fearow e Ash lo sfida con Totodile che, tuttavia, inizia a sentirsi male come gli altri Pokémon. Proprio quando Fearow li sta per colpire con Perforbecco, arriva Lance e salva il gruppo, ordinando al suo Dragonite di usare Tuononda. Poi invita i ragazzi a scappare e, in groppa al fidato Dragonite, spazza via i membri del Team Rocket grazie a Turbine. Una volta raggiunti Ash e compagni, Lance rivela loro di far parte dei Pokémon G-Men, un gruppo di Allenatori che viaggia per il mondo in cerca di criminali che maltrattano i Pokémon: la sua missione è fermare il Team Rocket!

DRAGONITE DI LANCE

Mille Pokémon per mille colori!

Non tutti i Pokémon di una specie sono uguali fra loro: ne esistono alcuni, molto rari, che vengono definiti "Pokémon cromatici". Si distinguono dai loro simili solamente per il colore più acceso o completamente diverso, come nel caso di Gyarados, che è rosso invece di azzurro. Trovarne uno è una vera fortuna: se lo incontri, non lasciartelo scappare!

MOMENTO TOP

Missione sotto copertura

Lance ruba gli abiti a una Recluta del Team Rocket per infiltrarsi nell'organizzazione, scoprirne i piani e sabotarla. Assiste alla cattura del Gyarados Rosso e di Ash, Misty e Brock, e a quel punto viene a conoscenza dell'onda di induzione dell'evoluzione: la causa del malessere dei tanti Pokémon ammalati!
Poco dopo, Lance salva i ragazzi dall'Arbok di Jessie con la Tuononda di Dragonite prima di spedire in orbita il trio con Tornado. Il Campione, insieme agli altri, corre quindi a

salvare Gyarados. Ma Tyson sbarra loro la strada e attacca Dragonite con ben due Fearow. Il Pokémon Drago schiva un attacco Furia rispondendo poi con Attacco d'Ala. I due avversari si riprendono e usano Agilità, ma Dragonite li paralizza con Tuononda. I due Allenatori chiedono ai loro Pokémon di usare Iper Raggio e le mosse si annullano a vicenda. Dragonite viene poi colpito da una doppia Agilità ma, quando sta per subire Perforbecco, Lance gli ordina di usare Tornado, mandando al tappeto entrambi gli avversari. Subito dopo arriva l'Agente Jenny, che finalmente arresta Tyson. Il Campione usa nuovamente Dragonite per affrontare il Gyarados Rosso e, con Tuononda, Tornado e Iper Raggio, lo indebolisce abbastanza da poterlo catturare. Prima di andarsene in groppa a Dragonite, Lance promette ad Ash e agli altri che si prenderà cura del Pokémon cromatico.

Lottare per il bene

Dragonite è il Pokémon principale di Lance, essendo fidato e leale come nessun altro.
Il Pokémon Drago ha un animo gentile e combatte sempre le ingiustizie, aiutando perfino i nemici in difficoltà. Nelle lotte è fortissimo e riesce a vincere anche in inferiorità numerica.

Salvare il mondo dalla catastrofe

Il Team Magma e il Team Idro vogliono dominare il mondo, sfruttando rispettivamente il potere dei Pokémon Groudon e Kyogre. Nello scontro tra le due fazioni finisce coinvolto anche Pikachu, caduto sotto il controllo della Sfera Blu, lo strumento per controllare Groudon. Ash e il suo Pokémon vengono rapiti dal Team Magma, ma Pikachu riesce a liberarsi aprendo una falla nell'elicottero dove sono rinchiusi e scappa senza il suo Allenatore. Fortunatamente, arriva Lance e ordina a Dragonite di allargare il foro con Dragartigli, salvando anche Ash. Poi il Campione raggiunge Ivan, il capo del Team Idro, che sta controllando Kyogre tramite la Sfera Rossa. Il cattivo ordina al Pokémon leggendario di colpire Dragonite con Idropompa, ma il Pokémon Drago lo evita. Quando Pikachu libera Groudon dal Team Magma controllandolo tramite la Sfera Blu, inizia lo scontro epocale tra i due antichi Pokémon: Lance spiega ad Ash e agli altri che Groudon vuole fermare Kyogre e per questo ha chiesto aiuto a Pikachu. Quando Kyogre viene sconfitto dall'avversario, Dragonite e il Campione devono salvare Ivan, che sta precipitando dal suo mezzo volante dopo aver perso la Sfera Rossa. Alla fine, la Sfera Blu esce da Pikachu che sviene e cade in mare, così Ash si lancia per recuperarlo. Rinsavito, Kyogre li salva, mentre Lance e Dragonite li aiutano a tornare sulla terraferma.

Team Magma

Lo scopo del Team Magma è quello di risvegliare il Pokémon leggendario Groudon, così che possa allargare la superficie di terre emerse: in questo modo, ci sarebbe più spazio abitabile per gli uomini, a discapito di tutte le altre creature. Il loro leader è Max.

Team Idro

Il Team Idro è un'associazione che desidera il risveglio del Pokémon leggendario Kyogre, in modo che possa espandere i mari a spese della terraferma e riportare il mondo alle sue origini. Sperano che i Pokémon possano tornare a vivere senza l'influenza degli uomini. Il loro leader è Ivan.

FORSE NON SAPEVI CHE...

- Dragonite è il primo Pokémon di un Campione a comparire nella serie animata.

- Dragonite viene usato spesso come mezzo di trasporto volante da Lance anche se non conosce la mossa Volo.

- Nella serie animata, Dragonite ha affrontato solo Pokémon di team malvagi in lotte tra Allenatori.

- Anche Sandra, Capopalestra di Ebanopoli con cui Lance si è allenato prima di diventare uno dei Superquattro, possiede un Dragonite.

DRAGONITE

BLAZIKEN DI VERA

Evoluzioni

Si evolve in *Le mele della discordia*

Torchic
Pokémon Pulcino
Pronuncia: Tòrcik
Tipo: Fuoco
Regione: Hoenn
Altezza: 0,4 m
Peso: 2,5 kg

Nel corpo di Torchic è custodita la sua fiamma. Abbracciandolo si illumina emanando un incredibile calore. Questo Pokémon è ricoperto da un piumaggio soffice e caldo.

Combusken
Pokémon Rampollo
Pronuncia: Combùschen
Tipo: Fuoco-Lotta
Regione: Hoenn
Altezza: 0,9 m
Peso: 19,5 kg

Combusken si allena correndo in campagna e in montagna. Le zampe inferiori sono rapide e potenti e riescono a sferrare dieci calci al secondo.

Blaziken
Pokémon Vampe
Pronuncia: Blásichen
Tipo: Fuoco-Lotta
Regione: Kanto
Altezza: 1,9 m
Peso: 52,0 kg

In lotta Blaziken emette fiamme micidiali coi suoi pugni, attaccando coraggiosamente il nemico. Più forte è il nemico, tanto più intenso è il fuoco proveniente dai pugni.

Si evolve in *Una partenza da rimandare*

BLAZIKEN DI VERA

Mosse usate

Beccata
Combusken attacca l'obiettivo colpendolo ripetutamente con il becco.

Braciere
Torchic attacca il nemico con una raffica di sfere di fuoco sparate dal becco.

Lanciafiamme
Combusken rilascia dal becco una spirale di fuoco che colpisce il nemico.

Vampata
Blaziken emette un potente raggio di luce infuocato dal becco verso l'avversario.

Attacco Rapido
Combusken colpisce l'avversario con estrema velocità. Mentre attacca, lascia una scia bianca dietro di sé.

Turbofuoco
Blaziken emette dal becco un potente turbine di fuoco che avvolge l'avversario.

Megacalcio
Le zampe e la cresta di Combusken brillano di azzurro e il Pokémon colpisce l'obiettivo con un potente calcio.

Stramontante
Le zampe di Blaziken si illuminano e il Pokémon colpisce l'avversario con un pugno dal basso verso l'alto.

Calciardente
Una delle zampe di Blaziken si infiamma e il Pokémon colpisce lo sfidante con un calcio infuocato.

Mosse improvvisate

Bolla-Stramontante
Protetto e circondato dalle bolle dello Squirtle di Vera, Combusken attacca l'obiettivo usando Stramontante.

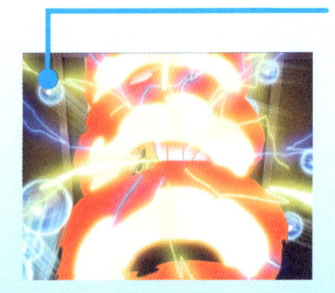

Vortice di Acqua e di Fuoco
Quando un compagno di squadra utilizza una mossa che produce delle bolle, il Combusken di Vera unisce il proprio Turbofuoco, creando un vortice che travolge l'avversario.

Potenziamento Psichico
Il Beautifly di Vera utilizza Psichico per potenziare il Turbofuoco di Combusken, rendendolo ancora più forte.

Ogni viaggio ha il suo inizio

Vera è una ragazza che desidera girare il mondo. Decide allora di diventare un'Allenatrice Pokémon, pur non essendo particolarmente appassionata di queste creature. Così si dirige al laboratorio di Birch, il Professore della regione di Hoenn, per ricevere il suo Pokémon iniziale. Tuttavia, al suo arrivo trova l'uomo su un albero, minacciato da tre Poochyena arrabbiati. A quel punto, Birch le chiede di prendere una Poké Ball dalla sua borsa per aiutarlo: ne esce un Mudkip! Vera gli ordina di usare Pistolacqua, ma il Pokémon colpisce lei! Per fortuna, il Professore prende in mano la situazione e con Mudkip scaccia i tre Poochyena. Tornati al laboratorio, Vera può scegliere tra Mudkip, Treecko e Torchic. Il primo lo ha già incontrato e il secondo le fa paura, così prende Torchic perché è dolce e carino: è l'inizio di una grande amicizia!

BLAZIKEN DI VERA

Vera

Vera è una giovane Allenatrice con la passione per i viaggi. Dopo essere partita all'avventura con Ash, si appassiona alle Gare Pokémon e decide di diventare una Coordinatrice Pokémon per poter vincere i tornei più importanti, i Grand Festival.

Coraggio e lealtà

Dopo aver ottenuto il suo primo Pokémon, Vera si unisce ad Ash nel viaggio attraverso Hoenn. Durante una sosta nella foresta, il Corphish del ragazzo ruba e mangia il cibo di Torchic, che si infuria. I due iniziano a litigare, ma tutt'a un tratto compare il Team Rocket, inseguito da un gruppo di Breloom. I Breloom sono davvero arrabbiati e attaccano senza fare distinzione tra buoni e cattivi. Nella fuga, tutti si sparpagliano in zone diverse della foresta.

Torchic si ritrova con Corphish e, archiviata la discussione di poco prima, i due decidono di collaborare per ritrovare gli altri. Dopo essere stati raggiunti da Meowth e Max, il fratellino di Vera, i Pokémon arrivano in una zona rocciosa popolata da Shroomish e da un Breloom, che li attaccano immediatamente. Corphish difende Torchic fino allo stremo, così il Pokémon Pulcino si evolve in Combusken per dare il suo contributo. Il Breloom lo sfida: i due Pokémon si affrontano con le loro mosse migliori, ma l'incontro si conclude con un pareggio. Entrambi impressionati dalla potenza dell'avversario, Breloom e Combusken si stringono la mano prima di spedire in orbita il Team Rocket.

Un Turbofuoco... coi fiocchi!

Diventata una Coordinatrice Pokémon, Vera decide che per Combusken è giunto il momento di partecipare alle Gare Pokémon. A Porto Alghepoli, tuttavia, qualcosa va storto: il Pokémon Rampollo non riesce a controllare Turbofuoco nel round del Saggio di Recitazione, ma ottiene comunque abbastanza punti per passare alla Gara di Lotta, in cui incontra Jessie sotto mentite spoglie e il Chimecho che James le ha prestato.

Dopo averli sconfitti, Vera e Combusken affrontano al turno successivo i nuovi amici Kelly e Grumpig. La lotta si infiamma: il Pokémon di Kelly attacca con Codacciaio, che Combusken blocca con le zampe. Poi il Pokémon Rampollo ribatte con Turbofuoco, ma Grumpig lo immobilizza a mezz'aria con Psichico. Combusken riesce a liberarsi rivolgendo il suo Turbofuoco verso il soffitto e danneggiando l'avversario con le scintille che scaturiscono dall'impatto. Mentre stanno cadendo, Combusken usa nuovamente la sua mossa per evitare che entrambi si schiantino a terra. Il tempo è scaduto, ma Vera e Combusken hanno più punti e vincono il fiocco!

Fiocchi e Gare

Le Gare Pokémon sono eventi a cui possono partecipare solo i Coordinatori, che devono mettere in mostra la potenza, la bellezza e la bravura dei loro Pokémon nell'usare le mosse in modo creativo. Per ogni Gara vinta il Coordinatore riceve un fiocco e, raccogliendone cinque in una stessa regione, può accedere al torneo finale, il Grand Festival.

Il Grand Festival di Hoenn

Durante il viaggio a Hoenn, Vera conquista i cinque fiocchi necessari a partecipare al Grand Festival. Una volta in Gara, arriva con facilità ai quarti di finale, dove si imbatte nel suo rivale storico: Drew. Decide di affrontare Flygon e Roselia dell'avversario con Combusken e Skitty. Quando Flygon si circonda della Petalodanza del suo compagno per colpire frontalmente, Vera ordina a Skitty di usare Assistente per bloccarlo, evocando un turbine di fuoco. Combusken a quel punto cerca di colpire lo sfidante con Stramontante, ma Flygon schiva l'attacco, così il Pokémon Rampollo cade al suolo travolgendo Skitty. Quindi, Combusken riesce ad annullare Lanciafiamme e Solarraggio degli avversari con Turbofuoco, facendo perdere molti punti al ragazzo. Dopo una lotta serrata, Vera sfrutta la Frustata evocata da Skitty per dare slancio a Combusken, che si getta nel Lanciafiamme dell'avversario per potenziarsi e colpirlo con uno Stramontante infuocato. A trenta secondi dalla fine, Skitty e Combusken caricano i nemici, ma vengono bloccati dal Paralizzante di Roselia e colpiti dall'Alacciaio di Flygon, finendo KO. Purtroppo Vera ha perso, ma i suoi Pokémon si sono rivelati fenomenali!

Max

Max è il fratello minore di Vera. Non ha ancora l'età per diventare un Allenatore, ma dimostra già una grande intelligenza. Viaggia assieme alla sorella, Ash e Brock per imparare a cavarsela da solo e fare nuove esperienze.

Ripartire da zero

Terminato il viaggio a Hoenn, Vera decide di seguire il suo amico Ash a Kanto per tentare di vincere il Grand Festival della regione. Per poter partecipare, deve conquistare altri cinque fiocchi. Combusken è fondamentale in questo, perché la aiuta a superare il Saggio di Recitazione della Gara di Zafferanopoli e la Gara di Lotta che si tiene a Città d'Argento. Arrivati sull'Isola del Crisantemo, Combusken batte il Mime Jr. di James, prestato a Jessie, lo Skarmory di un altro Coordinatore e il Vibrava di Brianna, ottenendo così il terzo fiocco. Infine, nel bel mezzo della sua esibizione nel Saggio di Recitazione della Gara Pokémon di Città delle More, Vera viene intralciata dal solito Team Rocket, che ha preso in prestito l'Ariados di Harley. Nonostante le tattiche antisportive degli avversari, Vera e Combusken si esibiscono in una performance spettacolare e sconfiggono i disturbatori, ottenendo l'ultimo fiocco necessario a iscriversi al Grand Festival!

MOMENTO TOP

La rivincita contro Drew!

Al Grand Festival di Kanto, Combusken aiuta Vera a superare un Saggio di Recitazione e due Round di Lotta. Come avvenuto a Hoenn, ai quarti incontrano Drew, che questa volta usa Absol al fianco di Flygon. Il secondo Pokémon di Vera, Squirtle, attacca con Rapigiro e, quando Flygon lo contrasta con Terrempesta, Combusken salta sul compagno per aumentare velocità e potenza del suo Megacalcio, ma viene fermato e colpito da Absol con Flash e Codacciaio. La lotta diventa un susseguirsi di mosse combinate: Squirtle e Combusken tentano di usare Bolla-Stramontante, ma vengono contrastati dal Ventagliente di Absol e poi colpiti da Dragospiro-Ventagliente di entrambi gli avversari. I due rispondono poi con Vortice di Acqua e di Fuoco, che toglie parecchi punti a Drew. Usando Bolla e Geloraggio in successione, Squirtle sconfigge Flygon, ma si deve arrendere al Codacciaio di Absol, lasciando Combusken da solo. Con una mossa a sorpresa, il Pokémon di Drew usa Idropulsar, che è superefficace! Combusken sembra spacciato, ma ecco che impara Vampata e contrasta le mosse dell'avversario. C'è tempo solo per un ultimo attacco: Drew ordina Codacciaio, mentre Vera Stramontante. Entrambe le mosse vanno a segno ma allo scadere del tempo è Combusken ad avere qualche punto in più e vince! Per la prima volta Vera batte il suo rivale e si aggiudica un posto in semifinale, in cui viene sconfitta da Solidad. Tuttavia, si posiziona tra i primi quattro Coordinatori, migliorando la sua performance rispetto all'ultimo Grand Festival!

Un Pokémon equilibrato e potente

Blaziken è un Pokémon calmo e controllato, che tuttavia nella lotta esprime una potenza devastante. Sfrutta le mosse Fuoco per avere la meglio sugli avversari, ma non disdegna il corpo a corpo con attacchi come Stramontante e Megacalcio.

Sfida tra amici

Dopo il Grand Festival, le strade di Vera e degli altri si separano, ma c'è tempo per un'ultima Gara Pokémon, quella non ufficiale di Terracotta. In una pausa tra un round e l'altro, Combusken si evolve in Blaziken per spedire in orbita il Team Rocket con una nuova mossa, Calciardente. Ripresa la Gara, Vera arriva in finale, dove si trova ad affrontare il suo amico e compagno di viaggio Ash. Usa quindi Blaziken contro lo Sceptile del ragazzo. Il match è letteralmente infuocato: Vera passa subito in vantaggio perché più esperta nelle Gare. Quando Ash prende confidenza con la nuova tipologia di incontro, però, recupera terreno e i due Pokémon arrivano ad attivare le loro abilità, Aiutofuoco per Blaziken ed Erbaiuto per Sceptile. Con le mosse potenziate, si colpiscono a vicenda con Solarraggio e Vampata. Allo scadere del tempo, Ash e Vera sono in parità e vengono proclamati entrambi vincitori. Sceptile taglia a metà la Medaglia di Terracotta con Fendifoglia in modo che tutti e due gli Allenatori possano avere un ricordo dell'evento.

Lotta Multipla... al ristorante

Quando Vera si ricongiunge ad Ash a Sinnoh per partecipare alla Coppa Adriano, ha modo di conoscere Lucinda, la nuova compagna di viaggio dell'amico. Le due ragazze decidono di affrontare una Lotta Multipla al Ristorante Sette Stelle contro Roman e Kylie. Vera schiera Blaziken, mentre Lucinda usa Piplup. Blaziken utilizza Calciardente, ma viene bloccato dal Morso del Girafarig di Norman. Piplup, invece, viene immobilizzato dal Legatutto del Drifloon di Kylie. Il Pokémon Pinguino si libera con Mulinello e attacca con Bollaraggio, e Blaziken ne approfitta e salta in aria per usare Turbofuoco, ricreando la combinazione Vortice di Acqua e di Fuoco. Gli avversari sono sconfitti e la vittoria va a Lucinda e Vera!

FORSE NON SAPEVI CHE...

- Blaziken è l'unico Pokémon iniziale di Hoenn del gruppo di Ash che non si innamora mai di un altro Pokémon.

- Nella serie animata, Torchic è il primo Pokémon iniziale che viene assegnato a un amico di Ash.

- Tra tutti i Pokémon di Vera, Blaziken è l'unico ad aver attivato la propria abilità.

- Le prime lotte che ha affrontato come Combusken e come Blaziken si sono concluse con un pareggio. Inoltre, in tutte e due le occasioni ha lottato contro un Pokémon Erba completamente evoluto: Breloom e Sceptile.

- L'evoluzione in Blaziken è avvenuta cento episodi dopo la prima vittoria in una Gara Pokémon, quella a Porto Alghepoli.

BLAZIKEN

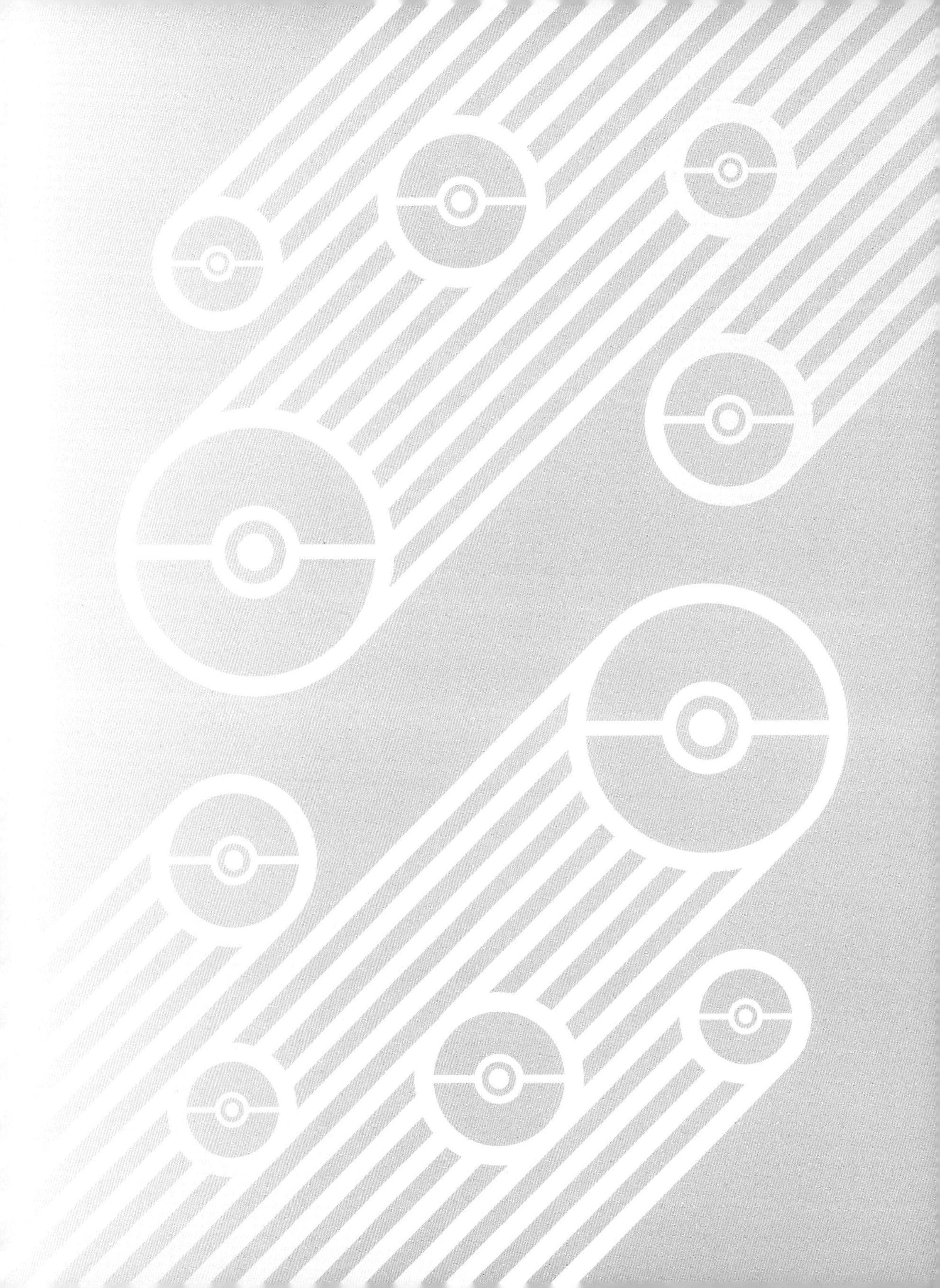

CHANSEY DELL'INFERMIERA JOY

Evoluzioni

Chansey
Pokémon Uovo
Pronuncia: Ciànsi
Tipo: Normale
Regione: Kanto
Altezza: 1,1 m
Peso: 34,6 kg

Sarebbe lento per natura, ma è diventato svelto nella fuga per difenderci da chi vuole rubare il suo uovo.

Non si conoscono evoluzioni di questo Pokémon.

Mosse usate

Solarraggio
Chansey carica l'energia del sole tra le zampe e poi la rilascia contro il nemico formando un potente raggio.

Minimizzato
Chansey si illumina e rimpicciolisce, diventando un bersaglio difficile da colpire.

Attrazione
Chansey crea dei cuori gialli e li lancia contro l'avversario, che si innamora di lei e non può più attaccarla.

Sdoppiatore
Chansey carica l'avversario con tutto il proprio peso.

Botta
Chansey colpisce il nemico con la zampa illuminata di bianco.

CHANSEY DELL'INFERMIERA JOY

Mosse usate

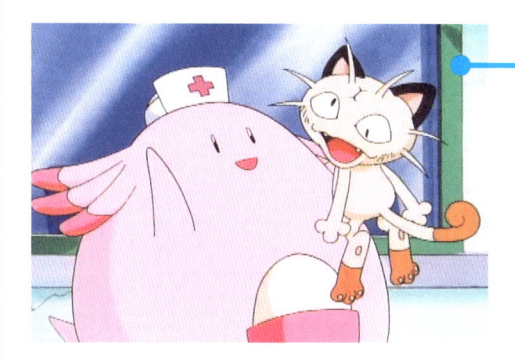

Doppiasberla
Chansey prende ripetutamente a schiaffi l'avversario.

Dinamipugno
Chansey concentra tutta la sua energia in una zampa prima di tirare un pugno all'avversario, lasciandolo confuso.

Canto
Chansey inizia a cantare con voce soave e fa addormentare il nemico.

Uovobomba
Chansey prende il proprio uovo e lo lancia contro l'avversario. Quando colpisce l'obiettivo, l'uovo esplode.

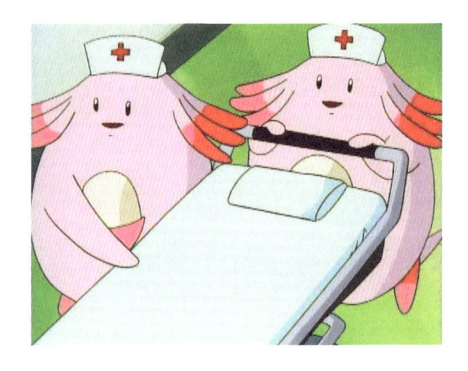

Amore per il proprio lavoro

Chansey è un Pokémon molto premuroso e gentile, sempre disponibile ad aiutare il prossimo. Per questo motivo è stato scelto come assistente delle Infermiere Joy nei Centri Pokémon di svariate regioni. Ash Ketchum incontra delle Chansey a Smeraldopoli nel suo primo giorno da Allenatore. Queste curano il suo Pikachu, ferito da uno stormo di Spearow.

In caso di necessità, le Chansey aiutano anche le persone! Quando un incidente causato dal Team Rocket ferisce diversi malcapitati, troppi per la capienza del Centro Pokémon, il Dr. Proctor decide di accoglierli nel suo ospedale e una Chansey si offre di trasferirsi momentaneamente laggiù per dare una mano. Il Pokémon Uovo si adopera per guarire dei pazienti eccezionali: i Pokémon del malvagio trio e Meowth stesso! La sua gentilezza viene ripagata quando più tardi i cattivi decidono di rapire tutti i Pokémon presenti nell'ospedale e l'Arbok di Jessie e il Weezing di James si rifiutano di affrontare Chansey: il Team Rocket è costretto a fuggire! Grazie allo sforzo di tutti, i Pokémon feriti guariscono e il Dr. Proctor ringrazia la sua fortunata assistente per l'operato.

> ### Un Pokémon ammirevole
>
> Le Chansey sono come le Infermiere Joy: si prendono cura con amore sia dei Pokémon sia delle persone. Assistono le Infermiere in tutte le loro attività nel Centro Pokémon e all'aria aperta. Sono anche abili lottatrici: durante gli incontri attaccano gli avversari senza alcuna esitazione, ma appena il duello finisce, sono subito disponibili a soccorrerli e a curarli.

Disponibilità e incoraggiamento

Le Chansey sono sempre pronte a prendersi cura dei Pokémon feriti, in qualsiasi situazione, e seguono le Infermiere Joy di riferimento ovunque. Su una delle isole Kinnow, nell'Arcipelago Orange, esiste un Centro Pokémon molto particolare. È costruito interamente in legno e foglie e l'Infermiera Joy locale viaggia tra un'isola e l'altra a bordo del suo kayak per curare i Pokémon in difficoltà, seguita dalla sua Chansey. Quando l'Infermiera Joy si sposta pagaiando tra le onde, Chansey la incita dal sedile posteriore con un megafono!

CHANSEY DELL'INFERMIERA JOY

L'Infermiera Joy

Le Infermiere Joy sono il personale sanitario che si occupa gratuitamente di persone e Pokémon all'interno dei Centri Pokémon di ogni città. Sono tutte imparentate tra loro e si somigliano moltissimo: solo Brock è in grado di distinguere l'una dall'altra!

Sotto copertura!

Tra i compiti delle Chansey ce n'è uno particolarmente delicato: valutare sotto copertura le aspiranti nuove Palestre per l'Agenzia d'Ispezione Pokémon! Assieme alla sua Infermiera Joy, una Chansey di Kanto visita le due aspiranti Palestre di Tenebropoli, bocciandole entrambe perché stanno distruggendo la città con i loro scontri tra bande.

Un'altra Infermiera Joy sfida Brock dopo il suo passaggio di consegne della Palestra di Plumbeopoli al fratello Forrest. Brock la affronta con Sudowoodo, ma Chansey è troppo potente e, evitando ogni colpo, sconfigge l'avversario dopo averlo fatto innamorare con Attrazione. Nonostante la sconfitta prima di Brock e poi di Forrest stesso, Joy e Chansey decidono di approvare il giovane come nuovo Capopalestra di Plumbeopoli.

MOMENTO TOP

Una potenza inaspettata!

Arrivato nella Valle Fennel e deciso a battere il Re Piramide Baldo per vincere il Simbolo Audacia, Ash chiede a Vera di fare una lotta d'allenamento in vista della sfida. Ma la ragazza, ansiosa di provare le terme del Centro Pokémon locale, declina l'invito. Per aiutare il giovane, l'Infermiera Joy e la sua Chansey si propongono come avversarie. Il Pokémon Uovo è una vera sorpresa: resiste alla Martellata del Corphish di Ash e lo colpisce con Doppiasberla; è veramente potente! Chansey prosegue con Sdoppiatore, ma Corphish si riprende e usa ancora Martellata. Il Pokémon di Joy resiste e, mentre incassa altri attacchi, carica un Solarraggio che manda KO l'avversario. Il lato amorevole di Chansey si risveglia subito dopo e il Pokémon Uovo carica l'avversario su una barella per ricoverarlo al Centro Pokémon. Una volta curato il Corphish di Ash, Chansey viene attaccata dal Team Rocket, che vuole rapirla. Il Pokémon dimostra ancora una volta la sua potenza e li spedisce in orbita: è proprio vero che non bisogna mai giudicare dall'aspetto!

Una nuova amica per Brock

Mentre Ash e i suoi amici si stanno dirigendo a Cuoripoli, nella regione di Sinnoh, l'Uovo di Brock inizia a illuminarsi: si sta per schiudere! I ragazzi cercano un Centro Pokémon per far sì che l'Uovo si apra in sicurezza, ma l'unico che trovano sembra quasi abbandonato. L'Infermiera Joy locale è disperata perché nessuno passa da quelle parti, ma la sua Chansey la incoraggia ad aiutare i ragazzi: Joy riacquista fiducia in se stessa e decide di occuparsi dell'Uovo. Poco dopo nasce una piccolissima e tenerissima Happiny, forma evolutiva precedente a Chansey! Brock è entusiasta della sua nuova compagna di squadra e decide, assieme ad Ash e Lucinda, di collaborare alla ristrutturazione del Centro Pokémon. Joy e Chansey sono pronte a tornare al lavoro!

La PIA

L'Agenzia d'Ispezione Pokémon, o PIA, è un'organizzazione che si occupa di supervisionare le Palestre Pokémon. Invia degli ispettori, specialmente le Infermiere Joy e le loro Chansey, a controllare che le regole della Lega Pokémon siano rispettate. In caso di infrazioni, gli ispettori hanno l'autorità di chiudere la Palestra!

Il Centro Pokémon

Il tuo Pokémon è ferito o sei stanco dopo una lunga giornata di viaggio? I Centri Pokémon sono il posto che fa per te! Qui troverai una gentile Infermiera Joy e la sua collega Chansey pronte a prendersi cura di te, a guarire i tuoi Pokémon, a darti un pasto caldo o un letto comodo dove dormire, il tutto… gratuitamente!

FORSE NON SAPEVI CHE...

- Tutte le Chansey delle Infermiere Joy indossano un cappellino da infermiera.

- Per poter svolgere il proprio lavoro al fianco di Joy, le Chansey devono ottenere il diploma alla Scuola per Infermiere Pokémon.

- Non tutte le Infermiere Joy possiedono una Chansey: a Johto ci sono anche le Blissey, a Unima gli Audino, a Kalos i Wigglytuff e ad Alola i Comfey.

- Anche se il loro compito è guarire i Pokémon, nessuna Chansey conosce delle mosse curative.

- La Poké Ball personalizzata dell'Infermiera Joy inviata a Tenebropoli dalla PIA ricorda nella forma una Chansey.

CHANSEY

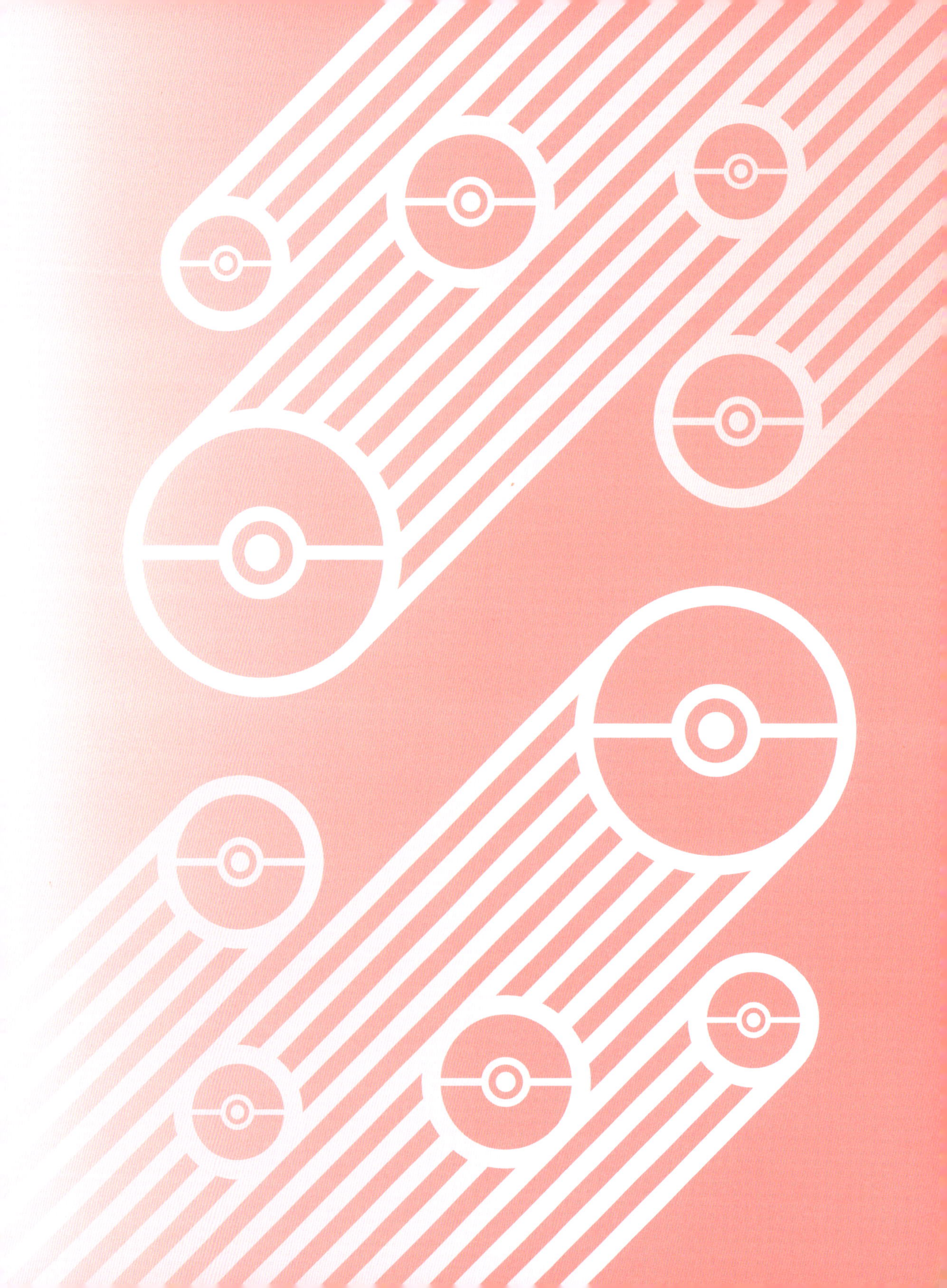

MEOWTH DEL TEAM ROCKET

Evoluzioni

Meowth
Pokémon Graffimiao
Pronuncia: Miao
Tipo: Normale
Regione: Kanto
Altezza: 0,4 m
Peso: 4,2 kg

Ama raccogliere oggetti luccicanti. Quando è di buon umore mostra la sua collezione anche al suo Allenatore.

Non si conoscono evoluzioni di questo Pokémon.

Mosse usate

Sfuriate
Gli artigli di Meowth si allungano e si illuminano per sferrare una serie di graffi contro il nemico o per tagliuzzare oggetti.

Graffio
Meowth sfodera gli artigli e graffia l'obiettivo.

Morso
Meowth azzanna l'avversario con i suoi denti appuntiti.

MEOWTH DEL TEAM ROCKET

Il triste passato di Meowth

Il piccolo Meowth viene abbandonato da cucciolo: solo e affamato, vive una vita di stenti. Un giorno, scambia delle palline da baseball per degli onigiri e ci si avventa sopra per mangiarle. Così facendo, le sparpaglia in giro e l'allenatore della squadra di baseball lo appende al ramo di un albero per punizione. Da quella posizione elevata, il Pokémon riesce a vedere il film *Attenzione a quel Meowth!*, in cui il Meowth protagonista mangia del vero cibo a Hollywood. In quel momento, il Pokémon Graffimiao prende la decisione di andare in città per dare una svolta alla sua vita. Purtroppo, anche lì si trova costretto a rubare il cibo, suscitando le ire dei negozianti. A un certo punto, però, incontra un branco di Meowth guidati da un Persian, la loro forma evolutiva. I Pokémon lo accolgono all'interno del gruppo e insieme si danno al furto e al saccheggio. Una mattina, Meowth incontra una femmina della sua specie e se ne innamora. La Meowth si chiama Meowzie e appartiene a una nobile signora; per questo respinge il Pokémon randagio, preferendo i più raffinati esseri umani. Meowth si impegna quindi a diventare più "umano", imparando a camminare su due zampe, a parlare e a leggere. Dopo esserci riuscito, torna da Meowzie, che però lo respinge ancora perché a questo punto lo considera uno "scherzo della natura". Sconsolato e arrabbiato, Meowth decide di lasciare la città e, ricordandosi una delle parole imparate sul sillabario, "rocket", si unisce al Team Rocket per diventare ricco e potente.

Un'organizzazione malvagia

Il Team Rocket è un'associazione criminale dedita al male che, rubando, catturando e sfruttando Pokémon rari, vuole conquistare il mondo. Non si ferma davanti a nulla e invia i propri agenti nelle diverse regioni per raggiungere i propri scopi. Una delle squadre del Team Rocket è proprio quella composta da Jessie, James e Meowth.

I primi passi nel Team Rocket

Una volta entrato nel Team Rocket, Meowth affronta un periodo di apprendistato nella loro accademia presso il Quartier Generale dell'organizzazione criminale. Lavorando duramente, Meowth riesce a farsi notare dal capo, Giovanni, che lo prende con sé come suo servo personale. Il compito di Meowth è quello di riverirlo in ogni modo possibile, per esempio servendogli i pasti. Così facendo, Meowth spera di diventare il Pokémon preferito di Giovanni, il coccolato animale domestico e il suo braccio destro. Tuttavia, un giorno inciampa e rovescia tutto il caffè di Giovanni. L'uomo non sembra arrabbiarsi, ma decide di assegnarlo alla squadra di Jessie e James. Ecco come è nato il famoso trio del Team Rocket!

Giovanni

Giovanni è il fondatore e il capo del Team Rocket. È un uomo misterioso, che comanda i suoi agenti da dietro le quinte e raramente scende in campo in prima persona. Nonostante i numerosi fallimenti di Jessie, James e Meowth, continua a dare loro fiducia, spedendo il trio in svariate regioni per conquistarle. Il suo animale da compagnia è un Persian.

Un obiettivo per la vita

I tre diventano subito dei criminali di primo livello rapendo i Pokémon di vari Allenatori nella regione di Kanto. Per questo l'Agente Jenny di Smeraldopoli affigge un manifesto con le loro facce fuori dalla stazione di polizia. Mentre Ash è al Centro Pokémon locale per far curare il suo Pikachu, Meowth e compagni irrompono all'interno della struttura per cercare Pokémon rari o potenti. Ash e Misty provano a fermarli, ma solo l'intervento dei Pikachu del Centro riesce nell'intento. A quel punto Meowth decide di farsi avanti, ma Ash ricarica con una dinamo il suo stesso Pikachu, ancora in convalescenza, e gli dà abbastanza energia da fulminare e sconfiggere i tre. Dopo una fuga rocambolesca, Meowth informa i suoi compagni che il Pokémon di Ash non è un esemplare comune e che è molto potente. Per i tre è il primo insuccesso, ma ora hanno un obiettivo preciso da perseguire: catturare Pikachu!

Ambizione e intelligenza

Il sogno di Meowth è diventare l'animale da compagnia preferito di Giovanni, il capo del Team Rocket, spodestando il suo amato Persian. Per realizzare questo ambizioso obiettivo, Meowth tenta di catturare i Pokémon più rari, tra cui il Pikachu di Ash, per regalarli al suo boss. Purtroppo per lui, i piani che escogita, per quanto ingegnosi, sono tutti inevitabilmente destinati al fallimento.

MEOWTH DEL TEAM ROCKET

Una buona azione per un cattivo fine

Per raggiungere il proprio scopo, Meowth, Jessie e James rimangono sulle tracce dei "bambocci", come chiamano Ash e i suoi amici. Arrivati a Johto, il Pokémon Graffimiao attira le attenzioni di una Snubbull, a cui piace moltissimo mordergli la coda. La Snubbull lo segue incessantemente per tutta la regione per continuare a giocare, ma Meowth si stufa e la tratta in malo modo, respingendola dopo l'ennesimo morso. Poco dopo, però, il Team Rocket scopre che la Snubbull appartiene a una ricca signora di nome Madame Muchmoney e decide di usare Meowth come esca per attirarla e incassare la ricompensa che la donna ha promesso a chiunque la ritroverà. Quando il Pokémon incontra nuovamente il trio, si evolve immediatamente in Granbull. Vista la maggiore forza, Meowth usa un robot con le proprie fattezze e coda mobile per attirarla. In quel momento, arrivano Ash, i suoi amici e Madame Muchmoney, così Jessie e James raccontano loro che stavano cercando il Pokémon per quest'ultima. Dato che Granbull non vuole staccarsi dalla coda del robot per tornare dalla sua Allenatrice, Meowth la fulmina attraverso il macchinario e la scaglia lontano: così facendo i presenti pensano erroneamente che sia stato lo stesso Team Rocket a rapirla per raggirare Madame Muchmoney. Ne segue uno scontro, con Granbull che spedisce in orbita i cattivi prima di tornare con gioia dalla sua padrona.

Fedele alla sua natura

Meowth è un Pokémon felino e, nonostante sia capace di parlare e camminare come un umano, talvolta alcuni tratti della sua vera natura prendono il sopravvento. È attratto dagli oggetti luccicanti, diventa tenerissimo quando viene coccolato e, soprattutto, impazzisce quando vede un gomitolo o qualcosa di simile!

Trasformazione!

Nella regione di Hoenn, Meowth partecipa alle Gare Pokémon come Pokémon di Jessie, che per l'occasione finge di chiamarsi "Jester" per non farsi scoprire. Nel Saggio di Recitazione della Gara di Orocea, usando Sfuriate, Meowth prima intaglia nel ghiaccio una statua di Giovanni e del suo Persian, poi la modifica sostituendo quest'ultimo con se stesso. Ottiene così l'approvazione dei giudici, che li fanno passare alla Gara di Lotta. In questo round, Meowth affronta la Jynx di una Coordinatrice di nome Erica e dà sfoggio delle sue abilità di trasformismo.

Jessie, infatti, ordina a Meowth di usare la mossa Trasformazione, ma in realtà il Pokémon non fa altro che travestirsi con dei costumi che estrae dal marsupio che tiene in vita. Diventa così rapidamente un Sunflora, attaccando Jynx con una Foglielama improvvisata con delle foglie, poi interpreta un Kirlia ed evita il Demonbacio avversario solamente perché inciampa e cade a terra. Quando però Meowth buca per sbaglio il costume gonfiabile da Wailord, lo squallido trucco viene a galla e lui e Jessie vengono squalificati dalla Gara Pokémon.

MOMENTO TOP

Un talento culinario

Dopo aver pranzato in una spaghetteria di Sinnoh, il Team Rocket scopre che il ristorante è di proprietà di Christopher, un ex membro dell'organizzazione e loro vecchio compagno di allenamenti. L'idea di aprire un locale tutto suo era venuta al ragazzo dopo che, ai vecchi tempi, Jessie e James lo avevano portato a mangiare degli spaghetti per consolarlo dei suoi insuccessi all'accademia criminale. Christopher è felice di ritrovare gli amici e, dopo aver visto le capacità di Meowth di ricavare degli spaghetti perfetti da un impasto grazie a Sfuriate, gli chiede di rimanere a lavorare al ristorante, ma Jessie e James glielo impediscono. Dopo l'ennesimo tentativo fallito di catturare Pikachu, i due ragazzi si lamentano dei piani malriusciti di Meowth, che si arrabbia e lascia il trio! A quel punto il Pokémon accetta la proposta di Christopher e inizia a dare dimostrazioni di taglio della pasta ai clienti. Preparare il cibo gli ricorda i bei momenti passati insieme a Jessie e James e, quando scopre che i compagni sono in pericolo, non esita un istante a lasciare la spaghetteria e correre in loro soccorso per poi riunirsi alla squadra. Il suo talento culinario gli torna utile nella Gara Pokémon di Città di Ninfea dove, nel Saggio di Recitazione, taglia e prepara dei tagliolini per i giudici. Il risultato è sufficiente per far superare il turno a Jessie, mentre Christopher, che ha visto la Gara in televisione, è molto orgoglioso di lui.

L'arsenale del trio

Nel corso della serie animata, il trio del Team Rocket sfoggia un arsenale vastissimo di armi e gadget che compra con i sudati risparmi o che costruisce personalmente ma finiscono irrimediabilmente distrutti. Viaggiano spesso a bordo di una mongolfiera a forma di Meowth.

MEOWTH DEL TEAM ROCKET

Un piano subdolo

Quando Giovanni manda Jessie, James e Meowth a Unima per prendere il controllo della regione, il trio cambia vestiario e assume un atteggiamento più serio e maturo. Un giorno, vicino a Sciroccopoli, Ash e i suoi nuovi amici Iris e Spighetto trovano Meowth ferito e decidono di soccorrerlo. Il Pokémon spiega di aver combinato un guaio e che per questo è stato licenziato dal Team Rocket e cacciato da Jessie e James. I ragazzi dunque lo accolgono nel loro gruppo per un tratto di viaggio. In quel periodo, Meowth aiuta uno Scrafty a rientrare in possesso della propria tana, che è stata occupata da una Mandibuzz. Grazie alla sua capacità di tradurre i linguaggi dei Pokémon, spiega ad Ash e agli altri cosa sta succedendo e, insieme, risolvono la situazione. Inoltre, il gruppo si rende conto che Meowth è un vero e proprio Pokémon selvatico e che ha molta paura di essere catturato: sia Iris sia il membro della Pattuglia Montana Cliff lanciano una Poké Ball, ma Meowth si libera ogni volta, tirando un sospiro di sollievo. Quando raggiungono Sciroccopoli, però, Meowth si toglie la maschera e rivela che il suo licenziamento era una menzogna, parte del grande piano del Team Rocket per rapire i Pokémon del Centro Pokémon locale tenendo nel mentre impegnati i "bambocci". Tuttavia, i ragazzi non si danno per vinti e riescono a sventare anche questo tentativo.

Il motto del Team Rocket

Quando Jessie, James e Meowth entrano in scena, recitano sempre un motto. Le parole cambiano spesso, ma quelle usate con più frequenza sono:

«Preparatevi a passare dei guai
Dei guai molto grossi
Proteggeremo il mondo dalla devastazione
Uniremo tutti i popoli nella nostra nazione
Denunceremo i mali della verità e dell'amore
Estenderemo il nostro potere fino alle stelle
Jessie
e James
Team Rocket, pronto a partire alla velocità della luce
Arrendetevi subito, o preparatevi a combattere!
Meowth, proprio così!».

Pokémon parlanti

Meowth è il primo Pokémon in grado di parlare il linguaggio umano a comparire nella serie animata: ha imparato a farlo con le proprie forze, ma ha davvero un talento innato!

I cattivi contro… i cattivi?!

A Kalos, tornati al loro vestiario consueto, Jessie e James vengono ipnotizzati da un Malamar, un Pokémon di tipo Buio-Psico, che vuole usarli per realizzare il suo piano di conquista del mondo. Meowth invece sfugge all'Ipnosi del nemico usando Sfuriate sul proprio volto. Dopo essere riuscito a scappare, incontra Ash e i suoi amici, ma il gruppo viene raggiunto dal Malamar con Jessie e James al seguito. Con un patto tra storici avversari, Meowth, Ash e compagni uniscono le forze per liberare i due membri del Team Rocket dal controllo mentale e attaccare il nemico, che batte in ritirata. Dopo varie peripezie, sulla strada per Temperopoli Meowth e i suoi compagni incontrano di nuovo il Malamar malvagio, questa volta in compagnia di altri due esemplari della stessa specie. I Pokémon Giravolta rapiscono Ash, Pikachu, Serena, Clem, Jessie, il suo Wobbuffet e l'Agente Jenny che stava indagando su di loro, mentre James, Lem e Meowth riescono a scappare. Grazie all'Inkay di James, che è la forma evolutiva precedente di Malamar, incontrano altri esemplari dei due stadi evolutivi, che però si rivelano essere buoni. Con il loro aiuto, Meowth e gli altri liberano i compagni, sventando il piano malvagio dei Malamar, che tuttavia minacciano di ritornare…

C'è Meowth e Meowth!

Terminata l'esperienza nella regione di Kalos, Giovanni manda Meowth, Jessie e James nell'arcipelago di Alola per catturare qualche Pokémon raro della zona. I tre vengono ospitati nella tana di Bewear, un Pokémon molto imponente, per tutto il loro soggiorno. Meowth vive ogni giorno un'avventura diversa: rimane traumatizzato dopo aver guardato sotto il costume del Mimikyu di Jessie, incoraggia un Litten, un Pokémon gatto come lui, dopo la scomparsa del suo mentore Stoutland e conquista con i suoi compagni un Obscurium Z, il Cristallo Z di tipo Buio. Un giorno, scopre che Jessie ha mangiato il suo gelato in edizione limitata e fugge via infuriato, incrociando sulla strada un Meowth di Alola. Arrivano Jessie e James che, scambiando quest'ultimo per il loro complice, lo portano alla tana. Quando Meowth torna al covo scopre che il suo sosia si è conquistato l'affetto dei suoi compagni facendo le pulizie e preparando spuntini. Conoscendo la natura del nemico, il Pokémon del trio prova a convincerli che l'altro sta fingendo, soprattutto dopo aver scoperto che vuole unirsi all'organizzazione. Il Meowth di Alola vuole testare le loro capacità e li aiuta a catturare Pikachu ma, quando il piano viene sventato, definisce il trio incapace e se ne va prima che vengano spediti in orbita. Poco dopo, Meowth scopre che il rivale è arrivato alla sede del Team Rocket, dove è diventato il Pokémon di Matori, il braccio destro di Giovanni: a quanto pare ora sono in due a voler prendere il posto di Persian!

FORSE NON SAPEVI CHE...

- Meowth può capire e tradurre quasi tutti i linguaggi dei Pokémon, a eccezione degli esemplari extraterrestri come Deoxys o il Poipole di Ash.

- Meowth sostiene di non poter più apprendere Giornopaga, la mossa caratteristica della sua specie, perché ormai ha imparato a parlare e camminare come un essere umano.

- Per attuare molti dei piani malvagi del Team Rocket, Meowth deve camuffarsi per non farsi riconoscere. Il suo travestimento preferito è quello da Sunflora.

- Meowth è l'unico Pokémon della serie animata a diventare Capopalestra, anche se temporaneamente. Riveste questo ruolo a Smeraldopoli insieme a Jessie e James.

- Meowth sostiene di aver imparato Nottesferza, ma non la usa perché ha troppa paura di farlo…

MEOWTH

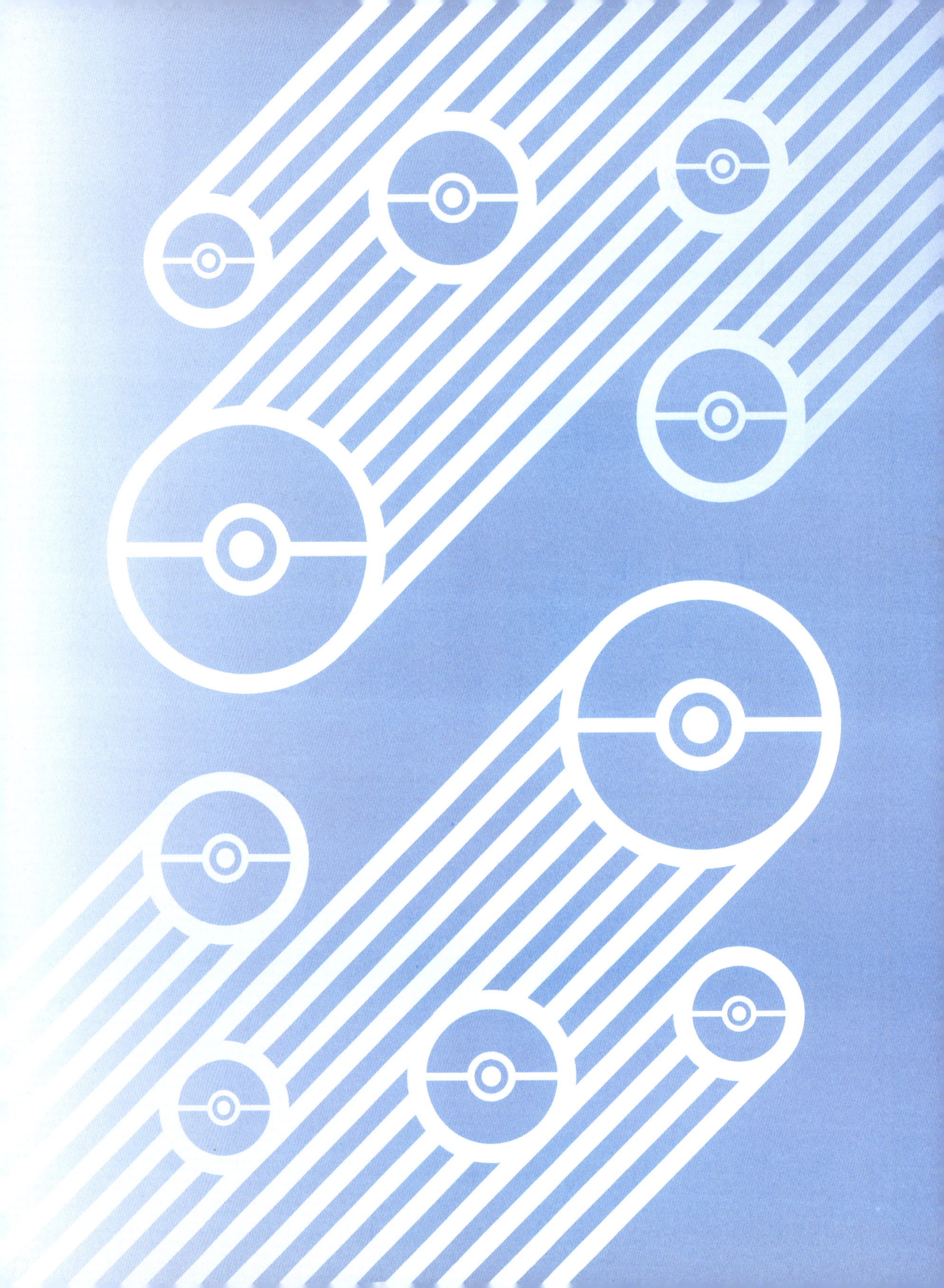

CHARIZARD DI ASH

Evoluzioni

Si evolve in
Lo spettacolo di magia dei Pokémon

Charmander
Pokémon Lucertola
Pronuncia: Ciarmànder
Tipo: Fuoco
Regione: Kanto
Altezza: 0,6 m
Peso: 8,5 kg

Ama le cose calde. Si dice che quando piove gli esca vapore dalla punta della coda.

Charmeleon
Pokémon Fiamma
Pronuncia: Ciarmèleon
Tipo: Fuoco
Regione: Kanto
Altezza: 1,1 m
Peso: 19,0 kg

Se s'infervora nella lotta, sputa potenti fiamme che inceneriscono l'area circostante.

Charizard
Pokémon Fiamma
Pronuncia: Ciàrisard
Tipo: Fuoco-Volante
Regione: Kanto
Altezza: 1,7 m
Peso: 90,5 kg

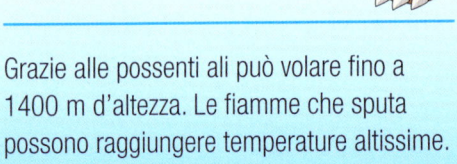

Grazie alle possenti ali può volare fino a 1400 m d'altezza. Le fiamme che sputa possono raggiungere temperature altissime.

Si evolve in
L'attacco del Pokémon della Preistoria

CHARIZARD DI ASH

Mosse usate

Lanciafiamme
Dalle fauci di Charizard fuoriesce un fiume di fiamme che investe l'avversario.

Ira
Dopo aver incassato diversi danni, la fiamma sulla coda di Charizard si ingrandisce e il Pokémon emette dalla bocca una palla di fuoco che incenerisce l'avversario.

Fulmisguardo
Charmander fissa il nemico con sguardo minaccioso, intimorendolo.

Braciere
Charizard emette delle fiamme che si dividono a raggiera.

Capocciata
Charmander carica a testa bassa l'obiettivo.

Movimento Sismico
Dopo aver afferrato il rivale, Charizard gira in cerchio in aria e poi lo scaglia al suolo.

Sottomissione
Charizard stringe a sé il nemico e ruota su se stesso velocemente per confonderlo.

Ira di Drago
Charizard carica una sfera d'energia tra le fauci e la scaglia contro il bersaglio.

Turbofuoco
Charizard emana un turbine di fiamme che investe l'avversario.

Mosse usate

Riduttore
Charizard attacca l'avversario servendosi di tutto il corpo.

Alacciaio
Le ali di Charizard si illuminano prima di colpire il bersaglio.

Vampata
Dopo essersi illuminato di rosso, Charizard colpisce l'avversario con un'onda fiammeggiante.

Azione
Charizard si avventa sull'obiettivo con tutto il suo peso.

Dragospiro
Charizard scaglia un flusso di energia verde contro il nemico.

Attacco d'Ala
Charizard illumina le ali e le usa per attaccare.

Codadrago
Charizard carica la sua coda di energia azzurra prima di abbatterla sul nemico.

Lacerazione
Gli artigli di Charizard si illuminano e si allungano prima di graffiare l'avversario.

CHARIZARD DI ASH

Credere ancora nell'amicizia

Sulla strada per Aranciopoli, Ash, Misty e Brock si imbattono in un Charmander accucciato su una roccia. Secondo Brock non è in ottima forma e dunque consiglia all'amico di catturarlo per portarlo in un Centro Pokémon. Dopo due tentativi falliti, Pikachu prova a parlarci e viene a sapere che il Pokémon sta aspettando una persona, così i ragazzi decidono di lasciarlo in pace. Tuttavia, arrivati al Centro Pokémon, sentono un Allenatore di nome Damian vantarsi delle sue catture e di aver abbandonato un Charmander perché troppo debole. Brock realizza che si tratta dello stesso esemplare che hanno incontrato poco prima, si infuria e ordina al ragazzo di andare a prenderlo prima che la pioggia che ha iniziato a cadere spenga la fiamma sulla coda di Charmander, causandone la morte! A Damian però non importa, così i ragazzi corrono a salvare il Pokémon Lucertola. Lo trovano in condizioni disperate e lo portano al Centro Pokémon, dove l'Infermiera Joy lo cura. Il giorno dopo, il gruppo scopre che Charmander si è ripreso e se n'è andato. Ripreso il cammino, cadono in una trappola del Team Rocket, che cattura Pikachu. A sorpresa arriva Charmander, che ordina al trio di cattivi di liberare il Pokémon Topo: loro si rifiutano, così il Pokémon Fiamma li incenerisce con Lanciafiamme, facendoli scappare. Quando Ash chiede a Charmander di unirsi alla sua squadra compare Damian che, stupito dalla forza del Pokémon, lo rivuole con sé. L'Allenatore confessa di averlo abbandonato perché lo riteneva debole, così Charmander si arrabbia e lo brucia con le sue fiamme. Damian scappa a gambe levate e il Pokémon si fa catturare con gioia da Ash: un nuovo amico si è aggiunto alla squadra!

Ash in viaggio

Girando per il mondo, Ash cresce come Allenatore e diventa sempre più abile e forte. Matura assieme ai suoi Pokémon, che con il tempo imparano a rispettarlo, come è successo con Charizard.

L'evoluzione del carattere

Durante il viaggio a Kanto, nelle lotte Ash usa spesso Charmander, che si evolve in Charmeleon! Purtroppo per il ragazzo, il Pokémon non cambia solo nell'aspetto, ma anche nel carattere e comincia a ignorare i suoi ordini. Arrivati al Villaggio del Muschio Verde, Ash accetta di aiutare Cassandra ad allenare il suo debole e timoroso Paras per farlo diventare più forte. Dopo aver avuto poco successo con Pikachu e Squirtle, che si trattengono per non ferire l'avversario, il ragazzo sceglie di usare Charmeleon. Come previsto da Brock, il Pokémon non si limita, colpendo Paras con un getto di fuoco prima e con un colpo di coda poi, senza obbedire agli ordini del suo Allenatore. Il Pokémon Fungo scappa e incontra il Team Rocket, che lo vuole aiutare al posto di Ash. Dopo un'improbabile sessione di allenamento con i cattivi, Paras torna per la rivincita e Charmeleon continua a non obbedire. Arriva quindi la nonna di Cassandra, che rimprovera Ash per il comportamento del suo Pokémon. A suo dire, Charmeleon non rispetterebbe Ash perché lo reputa inesperto. Charmeleon attacca ancora Paras che, a occhi chiusi, lo punge sulla pancia e lo manda al tappeto: con l'esperienza ottenuta, si evolve in Parasect! Anche se in modo rocambolesco, la missione è compiuta. Per diventare un vero Maestro Pokémon, però, la strada è ancora lunga...

Nuova potenza, vecchio atteggiamento

Arrivati al Canyon preistorico, Ash e il Team Rocket finiscono intrappolati in una grotta assieme a diversi Pokémon fossili che, risvegliati dal sonno, li attaccano. Per difendersi, il ragazzo manda in campo Charmeleon, che si rifiuta di lottare, preferendo schiacciare un pisolino. All'improvviso, però, i Pokémon selvatici fuggono perché spaventati da qualcosa: si tratta di un Aerodactyl, un grande esemplare alato di tipo Roccia-Volante molto temuto nell'antichità. Mentre insegue Ash e il Team Rocket, Aerodactyl colpisce accidentalmente Charmeleon, che la prende sul personale e lo attacca, ma viene sconfitto con un solo colpo. Nella grotta viene aperta una via di uscita per trarre in salvo le persone intrappolate e Aerodactyl ne vola fuori stringendo Ash tra gli artigli! Charmeleon brama vendetta, ma l'avversario lo sbeffeggia: adirato, il Pokémon si evolve in Charizard!

Ash è felice che il suo Pokémon si sia evoluto per salvarlo ma, quando viene colpito da uno dei Lanciafiamme di Charizard, capisce che lo ha fatto solo per sconfiggere Aerodactyl. Vedendo peggiorare la situazione, Misty chiede a Jigglypuff, che li ha seguiti fino a lì, di mettersi a cantare. Tutti i presenti si addormentano e Charizard riesce a recuperare e poggiare il suo Allenatore al suolo sano e salvo prima di cadere anche lui in un sonno profondo.

Le Palestre

Il sogno di alcuni Allenatori è quello di vincere la Lega Pokémon di una regione e, per potervi accedere, devono prima vincere otto Medaglie. Queste si possono ottenere solo nelle Palestre Pokémon, strutture sparse nelle varie città della regione, battendone il Capopalestra. Ogni Palestra è specializzata in un tipo diverso di Pokémon.

Lottare solo per volontà personale

L'atteggiamento ribelle di Charizard si rivela un grosso problema anche negli incontri. Arrivato alla Palestra dell'Isola Cannella per la sua settima Medaglia, Ash lo manda in campo contro il Capopalestra Blaine, ma il Pokémon si mette a sonnecchiare, regalando così la vittoria all'avversario. Poco dopo, il vulcano dentro cui è costruita la Palestra erutta a causa del Team Rocket. Ash chiede nuovamente l'aiuto del suo Pokémon per fermare la colata lavica, ma Charizard continua a dormire. Decide di dare una mano solo quando vede il Magmar di Blaine sforzarsi di fermare il flusso. Risolto il problema, nei due Pokémon si accende un profondo desiderio di competizione, così Blaine concede ad Ash la rivincita sulla vetta del vulcano. All'inizio i due sembrano affrontarsi alla pari, con Charizard che riesce persino a deviare a mani nude Fuocobomba. Dopo uno scambio di colpi, però, Magmar afferra il Pokémon di Ash alle spalle e si getta assieme a lui nella lava!

Quando tutto sembra perduto, Charizard esce volando dal magma e, con una combinazione di Sottomissione e Movimento Sismico, sconfigge Magmar e fa guadagnare al suo Allenatore la Medaglia Vulcano. Ash è contento, ma sa che Charizard ha lottato solo per orgoglio personale. E proprio questo atteggiamento si rivela fatale al Torneo della Lega dell'Altopiano Blu, dove Charizard sconfigge sconfigge Zippo, il Pokémon di Richie, solo perché è un Charmander, sua pre-evoluzione, ma si rifiuta di lottare contro il Pikachu del ragazzo. La sua insolenza provoca l'eliminazione di Ash dalla Lega Pokémon.

Obbedienza

Solitamente, un Pokémon si lega al proprio Allenatore subito dopo essere stato catturato, ma può capitare che alcuni esemplari inizialmente si rifiutino di eseguire gli ordini, proprio come ha fatto Charizard dopo la sua evoluzione. Questo può avvenire perché l'Allenatore non ha abbastanza esperienza e di conseguenza il Pokémon non lo rispetta.

Riconoscere un vero amico

Durante il suo viaggio tra le Isole Orange, Ash viene raggiunto da un ragazzo di nome Tad, che vuole sfidarlo perché sa che l'Allenatore ha appena guadagnato la Medaglia di Trovita. Per lottare i due raggiungono un'isola deserta e Tad, usando solamente Poliwrath, sconfigge prima Pikachu e poi Charizard, che lotta da egoista finendo per rimanere completamente congelato, a eccezione della punta della coda. Scesa la sera, Ash accende un fuoco e inizia a massaggiare il suo Pokémon per riscaldarlo, ma si ferisce alle mani. Vedendo che la fiamma della coda di Charizard continua ad affievolirsi, Pikachu, Misty e Tracey si offrono di aiutarlo. Mentre viene curato, il Pokémon Fiamma ricorda i momenti passati con il suo Allenatore fin da quando era solo un Charmander. Il mattino dopo, oltre a essersi ripreso fisicamente, Charizard sembra tornato a fidarsi di Ash. Dopo aver salvato Pikachu dal Team Rocket, il Pokémon affronta Poliwrath in una rivincita. Eseguendo gli ordini del suo Allenatore, il Pokémon Fuoco schiva abilmente le mosse avversarie e mette fine all'incontro con Movimento Sismico. Ora che finalmente Charizard lo ascolta, la squadra di Ash è ancora più forte!

CHARIZARD DI ASH

Un Pokémon molto orgoglioso

Fiero della sua forza e delle sue abilità, a Charizard non piace quando qualcuno lo deride o lo sminuisce. Se ciò accade, fa di tutto per superare se stesso e dimostrare di non essere inferiore a nessuno e, quando ci riesce, chi l'ha offeso deve aspettarsi una bella scarica di Lanciafiamme!

Due contro due!

Giunto sull'Isola Kumquat per vincere la Medaglia Stella di Giada, Ash deve affrontare la Capopalestra Luana in una nuova tipologia di incontro, la Lotta in Doppio. Per fronteggiare l'Alakazam e il Marowak della donna, il giovane Allenatore sceglie di schierare Pikachu e Charizard. Inizialmente i due non vanno molto d'accordo: il Pokémon Fiamma usa Lanciafiamme che, schivato dagli avversari, brucia la coda del suo compagno. Alakazam blocca l'Azione di Charizard con Psichico e Pikachu, per liberarlo, lo colpisce con Tuonoshock, restituendogli il favore. Luana reagisce ordinando a Marowak di colpire con Ossomerang, mentre Alakazam immobilizza di nuovo Charizard con Psichico. Pikachu però lo colpisce liberando il compagno, che in cambio lo recupera. Il Pokémon Topo salta in groppa all'amico per evitare un Ossomerang e poi colpire Marowak: finalmente i due collaborano come veri compagni di squadra! Alakazam si appresta ad assestare un Iper Raggio, ma Charizard lo schiva e il Pokémon di Luana viene preso in pieno dall'osso del suo partner, che di contro viene colpito dall'Iper Raggio! I Pokémon della Capopalestra sono esausti e Ash vince la sua ultima Medaglia della Lega d'Orange.

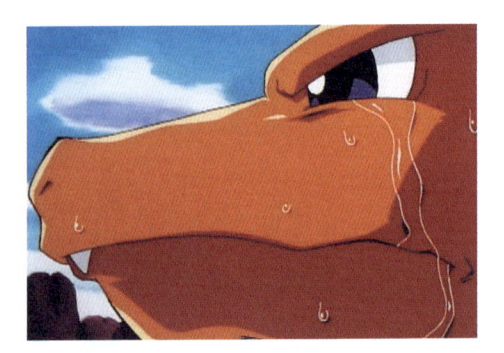

Le ardenti ambizioni di Charizard

Durante il viaggio nella regione di Johto, Ash, Misty e Brock arrivano nei pressi della Riserva Naturale della Valle dei Draghi, dove incontrano Liza e la sua Charizard, soprannominata Charla. La ragazza li invita a visitare la Valle, un luogo dove i Charizard lottano tra loro per diventare più forti. Ospita gli amici di Ash a bordo di una mongolfiera trascinata da Charla, consigliando invece all'Allenatore di volare in groppa al suo Pokémon. Charizard inizialmente si rifiuta ma, dopo essere stato preso in giro da Liza e sentendosi punto nell'orgoglio, accetta. Dopo un viaggio travagliato, finalmente il gruppo raggiunge l'ingresso della Valle dei Draghi e a quel punto la ragazza afferma che il Pokémon di Ash non è abbastanza forte per entrare. Offeso, Charizard decide di affrontare i suoi simili, che sono tutti più grandi di lui, ma subisce una sconfitta umiliante. Cacciato fuori dalla Valle, Charizard comincia a battere i pugni sul portone di pietra per farsi riammettere e Liza gli concede una lotta di prova con Charla. L'esemplare femmina lo batte e lo scaglia in un lago e Liza sfida il Pokémon di Ash a passarci dentro l'intera notte resistendo all'acqua e, grazie all'incoraggiamento del suo Allenatore e all'aiuto inaspettato del Team Rocket, Charizard riesce nel suo intento, venendo finalmente accettato nella Valle. Ash lo conosce bene e sa che il suo Pokémon vuole diventare più forte, così decide di separarsi da lui per permettergli di allenarsi. Pikachu e Charizard si scambiano un cenno d'intesa, certi che prima o poi si rivedranno.

L'allenamento

Per diventare più forti e magari evolversi, i Pokémon necessitano di allenamento. Un esemplare selvatico difficilmente potrà essere più forte di uno catturato, per questo spesso i Pokémon decidono di legarsi a un Allenatore. Può capitare che un esemplare scelga di separarsi dall'Allenatore per un po' di tempo per sottoporsi a sessioni speciali con altri Pokémon o con degli esperti.

I frutti dell'allenamento

Dopo aver ottenuto le otto Medaglie necessarie, Ash entra di diritto al Torneo della Vittoria della Conferenza Argento della Lega di Johto. Per fargli una sorpresa, Brock chiama di nascosto Liza per chiederle di mandare Charizard a Città dell'Argento ad aiutare l'amico. Ash si trova a lottare contro il suo rivale storico Gary Oak e, dopo un lungo match, rimane con il solo Charizard ad affrontare ben tre Pokémon dell'avversario. L'allenamento, però, è servito e il Pokémon Fiamma sconfigge prima Scizor con Lanciafiamme, poi Golem. Ora anche a Gary rimane un solo lottatore, Blastoise, il suo Pokémon iniziale. Grazie alle sue doti difensive e al vantaggio di tipo, Blastoise si dimostra un avversario difficile da sconfiggere. Dopo aver subito un'Idropompa superefficace, Charizard segue il consiglio di Ash e si posiziona alle spalle del rivale, che tuttavia lo respinge con Capocciata. Ma il ragazzo di Biancavilla non si arrende ed escogita un piano geniale: ordina a Charizard di surriscaldare il campolotta con Lanciafiamme, costringendo così Blastoise a raffreddarlo con un getto d'acqua. In questo modo, si sprigiona un'enorme nuvola di vapore che permette a Charizard di avvicinarsi all'avversario senza essere visto. Quando il vapore si dirada, i due Pokémon sono testa a testa: Charizard prova a colpire Blastoise con Ira di Drago, ma l'avversario ritrae la testa, schivando l'attacco. Il Pokémon Fiamma solleva in volo il nemico e, anche se viene morso a una spalla, lo scaglia al suolo con Movimento Sismico: Blastoise è esausto e la vittoria va a Charizard. Ash passa ai quarti di finale!

Il potere della forza

Charizard cerca di vincere usando la sola forza bruta. Non si ferma davanti a nulla e, quando si trova di fronte un Pokémon potente, non esita un secondo a sfidarlo, anche se si tratta di un Pokémon leggendario.

MOMENTO TOP

Sfida al Pokémon leggendario!

Tornato a Kanto per affrontare il Parco Lotta e vincere i Simboli, Ash deve affrontare Savino, capo dell'Azienda Lotta, come primo Asso Lotta. L'uomo usa per la sfida un Pokémon molto particolare, il leggendario Articuno! Per l'occasione, Ash chiede a Charizard di tornare dalla Valle dei Draghi. Il Pokémon Fiamma dimostra di essere diventato ancora più forte e di aver appreso nuove mosse, che usa nella sfida contro Savino.
Il match inizia con Lanciafiamme che, nonostante il Geloraggio avversario, colpisce Articuno. Il Pokémon leggendario si riprende ed evita il successivo Lanciafiamme. Articuno ostruisce quindi la visuale di Charizard con Nebbia e lo colpisce direttamente, ma viene poi preso in pieno da un Dragospiro. Charizard resiste al successivo Geloraggio e prova a colpire con Lanciafiamme, ma Articuno lo evita e lo prende in pieno con Alacciaio. A sorpresa, Savino ordina Idropulsar, una mossa superefficace. Charizard accusa il colpo e viene ulteriormente danneggiato da una combinazione di Geloraggio e Idropulsar. Ash non si arrende e ordina al suo Pokémon di usare Vampata, che si scontra con Idropulsar creando una nube di vapore da cui Articuno fuoriesce e attacca con Alacciaio, ma il Pokémon Fiamma gli afferra le ali e lo schianta al suolo con Movimento Sismico. Articuno è KO e la vittoria va a Charizard! Ash riceve il Simbolo Sapienza, mentre il suo Pokémon fa ritorno nella Valle dei Draghi.

Un'accoglienza… bruciante!

Da quando è diventato un Charmeleon, il Pokémon Fiamma ha preso l'abitudine di salutare il suo Allenatore in un modo particolare… lo incenerisce con Lanciafiamme!

Una riunione fiammeggiante

A Unima, Ash e i suoi amici Iris, Spighetto e N si imbattono nella Fiera di Kanto, una manifestazione promozionale dove vengono presentati i Pokémon, la cultura e i prodotti gastronomici della regione. Nello show dei Pokémon iniziali, Ash vede un Charmander e ricorda con affetto il suo esemplare. Incuriositi, i suoi amici gli chiedono la storia della loro amicizia e, arrivati al Centro Pokémon, il ragazzo la racconta dall'inizio, ripercorrendo le tappe più importanti del loro viaggio insieme. Spinto dalla nostalgia e dal desiderio dei suoi compagni di conoscerlo, Ash chiama il Professor Oak per chiedergli di mandargli Charizard che nel frattempo è arrivato al suo laboratorio in cambio della sua Unfezant. Appena uscito dalla Poké Ball, Charizard accoglie subito Pikachu sulla spalla e incenerisce Ash in segno di saluto, poi riceve i complimenti per la sua prestanza fisica dai compagni del suo Allenatore. Quando i ragazzi fanno uscire dalle Poké Ball i loro Pokémon per presentarli al Pokémon Fiamma, tra Charizard e il Dragonite di Iris nasce un'istintiva rivalità, così i loro Allenatori decidono di lottare. Entrambi usano subito Lanciafiamme, creando una grande esplosione che li lascia miracolosamente illesi, quindi iniziano a rincorrersi in volo. Quando Dragonite prova a colpirlo con Tuonopugno, Charizard risponde con Attacco d'Ala prima di tentare con Lacerazione. L'avversario lo contrasta con Dragofuria, così il Pokémon di Ash lo scaglia al suolo con Codadrago. Prima che il match possa proseguire, N lo interrompe perché crede che ormai i due Pokémon abbiano compreso la forza l'uno dell'altro. Orgoglioso dei miglioramenti di Charizard, Ash gli chiede di tornare nella sua squadra e il Pokémon accetta.

FORSE NON SAPEVI CHE...

- Tra tutti i Pokémon comparsi nella serie animata, Charizard è quello che conosce il maggior numero di mosse, ben diciannove.

- Charizard è il primo Pokémon iniziale di Ash a raggiungere la forma evolutiva finale.

- Nella serie animata, Charizard è il primo Pokémon a sconfiggere un Pokémon leggendario, Articuno.

- Tra tutti i Pokémon evoluti di Ash, Charizard è il solo che ha smesso di obbedirgli per un periodo di tempo.

CHARIZARD

LUCARIO DI ORNELLA

Evoluzioni

Si evolve prima di *Mega Rivelazioni*!

Riolu
Pokémon Emanazione
Pronuncia: Riòlu
Tipo: Lotta
Regione: Kalos
Altezza: 0,7 m
Peso: 20,2 kg

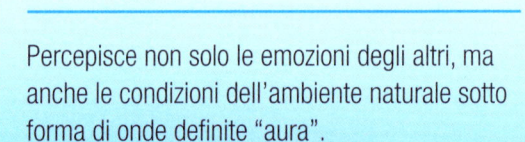

Percepisce non solo le emozioni degli altri, ma anche le condizioni dell'ambiente naturale sotto forma di onde definite "aura".

Lucario
Pokémon Aura
Pronuncia: Lucàrio
Tipo: Lotta-Acciaio
Regione: Kalos
Altezza: 1,2 m
Peso: 54,0 kg

È in grado di comprendere anche i pensieri degli esseri umani. Per questo, si affeziona solo agli Allenatori dall'animo onesto.

Si megaevolve in

MegaLucario
Tipo: Lotta-Acciaio
Regione: Kalos
Altezza: 1,3 m
Peso: 57,5 kg

L'esplosiva energia evolutiva ha risvegliato il suo istinto guerriero. Non mostra alcuna pietà per il nemico.

LUCARIO DI ORNELLA

Mosse usate

Danzaspada
Meditando, Lucario fa apparire attorno a sé delle spade blu che aumentano il suo potere di attacco.

Ossoraffica
MegaLucario fa apparire un osso tra le zampe, quindi lo divide in due e lo usa per colpire l'avversario.

Crescipugno
Un'aura arancione circonda la zampa di MegaLucario, che sferra un potente pugno contro il nemico.

Forzasfera
MegaLucario unisce le zampe anteriori e crea una sfera di energia blu che lancia contro il nemico.

Ferrostrido
MegaLucario unisce i pugni e dagli spuntoni sulle zampe partono onde sonore che indeboliscono la difesa speciale dell'avversario.

Cento sfide per cento vittorie!

Lucario è il Pokémon compagno di Ornella fin da quando era un Riolu: a Kalos, infatti, è tradizione che i Capipalestra di Yantaropoli abbiano al loro fianco dei Pokémon in grado di megaevolversi, poiché i loro antenati sono stati i primi a scoprire questo misterioso processo. Il nonno di Ornella, Cetrillo, dopo averle dato una Pietrachiave, le chiede di andare a Cromleburgo per trovare la Lucarite, necessaria a far megaevolvere Lucario. Ornella decide che, come allenamento durante il viaggio, dovrà vincere cento lotte Pokémon con Lucario per prepararsi alla megaevoluzione. Il novantanovesimo sfidante è proprio il nostro Ash Ketchum con il suo Pikachu. Il Pokémon Elettro ha una strategia molto offensiva: cerca subito di colpire Lucario con Attacco Rapido e Codacciaio, ma viene sempre respinto. La reazione di Lucario è incontrastabile: aumenta il suo potere offensivo con Danzaspada, quindi attacca con una serie di Ossoraffica e vince l'incontro con Crescipugno.

Il centesimo incontro di Lucario avviene poco dopo contro il trio del Team Rocket, che prova a rapirlo, ma viene rispedito in orbita. A quel punto, Ash scopre che Ornella è la Capopalestra di Yantaropoli, ovvero la sua successiva avversaria della Lega della regione. Dopo aver ascoltato la storia del suo rapporto con Lucario, il ragazzo decide insieme ai suoi amici di viaggiare con Ornella per assistere alla megaevoluzione del suo Pokémon.

Una Capopalestra... sui pattini?

Ornella è la Capopalestra di Yantaropoli, nella regione di Kalos, e la ricompensa per gli sfidanti che riescono a sconfiggerla è la Medaglia Lotta. I pattini sono la sua passione e la divisa da pattinatrice è il suo abbigliamento preferito durante le lotte, persino in Palestra! Per questo tiene la Pietrachiave, strumento necessario per far megaevolvere Lucario, nel Megaguanto sulla mano sinistra.

LUCARIO DI ORNELLA

Un nuovo potere!

A Cromleburgo le capacità sensitive di Lucario si rivelano fondamentali per trovare la Lucarite: la Megapietra si trova infatti in fondo a una caverna il cui ingresso è nascosto alla vista. Tuttavia, una volta raggiunto lo strumento, un Blaziken si para davanti a Ornella e il suo Pokémon. Per loro lo scontro è difficile, poiché entrambi i tipi di Blaziken, Fuoco e Lotta, sono superefficaci contro Lucario. La serie di Calciardente e Lanciafiamme di Blaziken sembra rendere l'esito dell'incontro scontato ma, grazie all'incitamento di Ash, Ornella e Lucario reagiscono. Con Crescipugno e Ossoraffica riescono finalmente a mettere alle strette Blaziken, ma l'incontro viene interrotto dall'arrivo improvviso di Cetrillo. Il nonno di Ornella spiega che Blaziken è uno dei suoi Pokémon e che quella lotta era la prova finale per capire se Lucario fosse degno della Lucarite.

Ottenuta la Megapietra, Ornella megaevolve subito il suo Pokémon e affronta nuovamente Ash e Pikachu per testare la nuova forma. MegaLucario dimostra immediatamente di essere molto più forte di prima. Ossoraffica è talmente potente da sfuggirgli di mano e andare a schiantarsi su una montagna, facendola esplodere. MegaLucario riesce anche a schivare tutti gli attacchi di Pikachu, colpendolo ferocemente e senza lasciargli possibilità di reagire. Purtroppo, il nuovo potere gli fa perdere completamente il controllo e il Pokémon smette di rispondere agli ordini di Ornella. Si prepara a colpire persino Ash, che si è messo davanti al suo Pokémon per proteggerlo! Fortunatamente, il Lucario di Cetrillo lo ferma e placa la sua furia. A questo punto, l'uomo impone a Ornella e Lucario di andare sul Monte Sansa per imparare a controllare la megaevoluzione.

MOMENTO TOP
Un allenamento... fuori dal comune!

Arrivati al Monte Sansa, Lucario e Ornella incontrano Antema, una specialista delle megaevoluzioni, che vuole testare subito le loro abilità con una lotta contro il suo MegaMawile. MegaLucario perde nuovamente il controllo durante l'incontro e l'avversario lo sconfigge con facilità. Una volta riacquistate le forze, Lucario e Ornella sperano in un allenamento speciale per poter imparare a controllare la megaevoluzione, ma Antema ordina loro di fare delle composizioni floreali. Il segreto della megaevoluzione, infatti, è il forte legame tra Allenatore e Pokémon, senza il quale la trasformazione non può avere successo. Il solito Team Rocket è il banco di prova di Lucario e Ornella: quando MegaLucario perde nuovamente il controllo mentre cerca di salvare Pikachu e Mawile, rapiti dal Team Rocket, la sua Allenatrice interviene ricordandogli tutte le avversità affrontate insieme. Ornella riesce finalmente a placare la sua rabbia e MegaLucario sconfigge gli avversari, salva i Pokémon e impara una nuova mossa, la potente Forzasfera.

La lotta in Palestra contro Ash

Ornella usa Lucario come suo terzo Pokémon nella lotta in Palestra contro Ash. La situazione è molto sfavorevole: è infatti l'ultimo Pokémon rimasto alla Capopalestra, mentre l'avversario ne ha ancora tre! Tuttavia, Ornella non si perde d'animo e fa subito megaevolvere Lucario.

La megaevoluzione

La megaevoluzione è un processo che supera la normale evoluzione e rende i Pokémon ancora più potenti, ma ha una durata limitata. Solo determinati Pokémon sono in grado di megaevolversi, e perché ciò accada è necessario che l'Allenatore abbia una Pietrachiave, che il suo Pokémon abbia la propria Megapietra e che ci sia un forte legame tra i due. Al termine di una lotta, la megaevoluzione si esaurisce e il Pokémon ritorna allo stadio normale.

Approfittando della stanchezza degli avversari, MegaLucario riesce a sconfiggere velocemente sia il Fletchinder che l'Hawlucha di Ash e si ritrova a fronteggiare Pikachu come ultimo avversario. La lotta è talmente frenetica che nessuno dei partecipanti, Allenatori e Pokémon, nota il Team Rocket mentre si intrufola in Palestra per rapire i Pokémon. Fortunatamente, gli amici di Ash che stanno assistendo all'incontro li scoprono e li spediscono in orbita. Sfruttando la confusione dopo una serie serrata di scambi, Pikachu lancia un Fulmine a sorpresa che colpisce MegaLucario e lo manda KO, segnando così la meritata vittoria di Ash, che ottiene la Medaglia Lotta.

Un Pokémon buono e premuroso

Nonostante abbia perso spesso il controllo durante le sue prime megaevoluzioni, Lucario è generalmente un Pokémon calmo, amichevole e attento a ciò che lo circonda, grazie anche ai suoi poteri sensitivi. Persegue forti ideali di giustizia e non tollera le malefatte altrui. La sua indole lo porta ad avere forti sensi di colpa quando rinsavisce dopo aver perso il controllo e aver commesso delle cattive azioni. Ecco perché dà il massimo per poter superare i problemi e tornare ad aiutare chi si trova in difficoltà.

FORSE NON SAPEVI CHE...

- Il Lucario di Ornella indossa una fascia speciale sul polso, contenente la Lucarite.

- MegaLucario è il primo Pokémon megaevoluto che Ash affronta.

- Il legame speciale tra Ornella e Lucario consente loro di ritrovarsi anche quando sono separati.

- Il Lucario di Ornella ha molti punti in comune con il Lucario di Marzia: sono entrambi Pokémon della terza Capopalestra della regione, che è una Palestra di tipo Lotta, entrambi sono gli ultimi Pokémon usati nella lotta contro Ash e devono sconfiggere tutti e tre i Pokémon avversari, di cui i primi due sono un tipo Volante e un tipo Fuoco. Tuttavia, la lotta tra Buizel e Lucario termina in parità e non con una vittoria.

LUCARIO

BIANCHINO DI LYLIA

Evoluzioni

Vulpix (Forma di Alola)
Pokémon Volpe
Pronuncia: Vùlpics
Tipo: Ghiaccio
Regione: Alola
Altezza: 0,6 m
Peso: 9,9 kg

Se la neve fosse un Pokémon, avrebbe il suo aspetto. Il suo soffio gelido raggiunge i -50 °C. Alcuni lo chiamano "Ke'oke'o".

Non si conoscono evoluzioni di questo Pokémon.

Mosse Z usate

Criodistruzione Polare
Cristallo Z: Glacium Z
Bianchino fa nascere sotto di sé un promontorio di ghiaccio ed emette un raggio dalla bocca che congela tutto ciò che colpisce, creando una scultura floreale.

Mosse usate

Polneve
Bianchino soffia dalla bocca dell'aria gelida capace di congelare ciò che colpisce.

Grandine
Bianchino fa apparire delle nuvole da cui cade una leggera grandine.

Velaurora
Bianchino fa apparire un'aurora boreale davanti a sé e al suo alleato, proteggendo entrambi dagli attacchi nemici.

Azione
Bianchino si lancia con il suo corpo contro il bersaglio.

L'Uovo di Kanto, l'Uovo di Alola

Quando Ash Ketchum visita l'Isola di Mele Mele, nella regione di Alola, porta con sé un Uovo Pokémon affidatogli dal Professor Oak a Kanto. Il suo compito è consegnarlo a Manuel Oak, cugino del Professore, che è Preside della Scuola di Pokémon. Ash inizia a frequentare la stessa Scuola e dopo qualche tempo il Preside mostra agli alunni due Uova Pokémon: uno è quello che gli ha portato il giovane Allenatore, l'altro è stato trovato ai piedi del Monte Lanakila. Il Preside vuole che la classe si occupi di un Uovo, mentre lui si prenderà cura dell'altro. Ibis, una delle studentesse, chiede alla compagna Lylia di scegliere l'Uovo che preferisce e la ragazza indica quello con il motivo floreale perché lo trova più carino.

Lylia ha il timore di toccare i Pokémon per una brutta esperienza vissuta da piccola e per farle superare la paura Ibis le chiede di occuparsi dell'Uovo fuori dall'orario scolastico. Nel pomeriggio, nella tenuta di Lylia, Ash e Ambrogio, il maggiordomo, si trovano nel cortile per una lotta di allenamento, mentre Lylia resta in casa a occuparsi dell'Uovo. All'improvviso però spunta un Salandit, che vuole attaccarlo! Lylia grida per attirare l'attenzione, ma allo stesso tempo si getta sull'Uovo per proteggerlo. Quando Ash, Ambrogio e Ibis, che li aveva raggiunti, entrano nella stanza in cui si trova la ragazza, riescono a mettere subito in fuga il Pokémon selvatico. Non è stata una bella esperienza, ma almeno è servita a Lylia per riuscire a toccare l'Uovo senza timore, anche se ha ancora del lavoro da fare, prima di accarezzare altri Pokémon…

Lylia

Lylia è una ragazza molto timida e riservata. A causa di un trauma infantile con un'Ultracreatura, ha avuto paura di toccare i Pokémon per diversi anni, ma Bianchino l'ha aiutata a superare i suoi timori. Dimostra di saper essere anche determinata, se necessario: viaggia con il fratello per salvare la madre, rapita da un'Ultracreatura.

La schiusa di Bianchino

Lylia si occupa con amore dell'Uovo e gli dà persino un soprannome, Bianchino, dal colore del guscio. La schiusa avviene quasi in contemporanea con quella dell'altro Uovo. Da quello di Lylia esce un Vulpix candido come la neve, mentre da quello del Preside esce un Vulpix rosso brace. Bianchino, infatti, è la Forma di Alola del Pokémon Volpe e quindi ha un aspetto e un carattere molto diversi da quello di Kanto. Mentre il Vulpix rosso inizia subito a saltare e giocare con gli altri Pokémon, Bianchino congela Ash e Pokédex Rotom con Polneve non appena questi cercano di avvicinarsi a lui! Secondo Ibis dovrebbe essere Lylia a catturare il Vulpix di Alola, considerando che se n'è già occupata, così la ragazza lancia una Poké Ball che… colpisce Ash! Tuttavia, quando la sfera cade a terra, Bianchino le va incontro e schiaccia il pulsante, catturandosi da solo.

Lylia fa subito uscire dalla Poké Ball il suo nuovo Vulpix e prova ad accarezzarlo, ma è ancora impaurita e non ci riesce. Sulla strada di casa, la ragazza decide di fare una passeggiata con Bianchino, ma mentre si dirige verso un punto panoramico incontra il malvagio Team Rocket, che vuole rapire il suo Pokémon! Lylia non si fa prendere dal panico e ordina a Bianchino di usare Polneve sul marciapiede, in modo che i cattivi scivolino e che loro riescano a scappare, ma si ritrovano in un vicolo cieco!

Bianchino prova a contrastare la Mareanie di James, ma Lylia deve afferrarlo al volo per non farlo cadere a causa di una Fangobomba. La ragazza ordina al suo Pokémon di usare Polneve per congelare il Team Rocket! A questo punto interviene Bewear, che afferra il gruppo intrappolato nel ghiaccio e lo porta via. Nonostante la disavventura, Lylia adesso è in grado di toccare Bianchino e può affrontare delle lotte Pokémon!

Un Pokémon… freddino

Caratterialmente, Bianchino è simile alla sua Allenatrice Lylia. È un Pokémon molto riservato e predilige rimanere sulle sue anziché giocare con gli altri. Non gli piace essere avvicinato all'improvviso e non ci pensa due volte a congelare i seccatori. Tuttavia, come la sua Allenatrice, con il tempo diventa più intraprendente e sicuro di sé, impegnandosi per aiutare chi è in difficoltà.

Scambio di Allenatore!

Un giorno, il Professor Kukui organizza una lezione particolare: gli studenti devono scambiarsi i loro Pokémon per conoscerli meglio. Bianchino quindi segue Ash a casa del Professore dopo le lezioni. Inizialmente è diffidente e, quando Ash cerca di avvicinarsi, lo colpisce con Polneve. Inoltre, si rifiuta di mangiare, pur apprezzando la vicinanza del Litten dell'Allenatore. Il mattino dopo, Ash decide di fare una passeggiata con tutti i suoi Pokémon e Bianchino. Si dirigono alla vicina città di Hau'oli, dalla Signora Kalei, che come al solito offre delle bacche ai Pokémon. Sulle prime Bianchino resta in disparte, ma quando Litten gli porge una Baccacedro finalmente inizia a mangiare con gli altri. Ormai abituato alla presenza di Ash, decide di allenarsi insieme a lui per stupire Lylia al suo ritorno. Infatti, al termine della lezione speciale, combatte al fianco di Ash contro la sua Allenatrice e Pikachu.

MOMENTO TOP

Un supporto fondamentale

Bianchino segue Lylia quando la ragazza decide di andare insieme al fratello Iridio a salvare la madre, Samina, rapita dall'Ultracreatura UC 01 Parasitus in un Ultravarco. I due ragazzi si dirigono verso l'Altare Solare, sull'Isola di Poni, per cercare degli indizi. Per raggiungerlo attraversano il Canyon di Poni, ma in una grotta incontrano un branco di Jangmo-o e Hakamo-o selvatici, capitanati da un Kommo-o dominante, quindi molto più grande del normale.
Iridio decide di occuparsi in prima persona dei Pokémon, ma gli avversari sono troppi per il suo Silvally. Lylia allora sceglie di fare affidamento su Bianchino, che ha il vantaggio di tipo, consigliando al fratello di usare una ROM Folletto per cambiare il tipo di Silvally rendendolo così più potente contro i Pokémon Drago-Lotta. Tuttavia, quando Iridio cerca di lanciare lo strumento al proprio Pokémon, un Jangmo-o interviene facendolo cadere proprio in mezzo alle zampe di Kommo-o! Lylia e Bianchino non si perdono d'animo e aprono un passaggio a Iridio. Con un primo Polneve bloccano alcuni avversari, mentre un secondo attacco congela il terreno, così che Iridio e Silvally possano infilarsi tra le zampe di Kommo-o, recuperare la ROM e usarla. Una volta che Silvally è diventato tipo Folletto, l'incontro si conclude velocemente e i fratelli attraversano la grotta per arrivare finalmente all'Altare Solare.

BIANCHINO DI LYLIA

Forme di Alola

Diverse specie che si sono abituate al clima di Alola sono mutate per adattarsi al meglio. Le Forme di Alola di alcuni Pokémon di Kanto sono molto differenti dalle specie originarie: cambiano quasi sempre tipo e abilità, oltre all'aspetto e alcune caratteristiche. Tra le più peculiari c'è sicuramente Exeggutor, che rispetto alla forma di Kanto è infinitamente più alto e snello!

La Gara di Salto con Bob Pokémon

Lylia e i suoi compagni di classe accompagnano il Professor Kukui e il Kahuna Hala sul Monte Lanakila, sull'isola di Ula Ula, per assistere all'evoluzione di Crabrawler. Mentre i vari Pokémon giocano sulla neve, Bianchino si allontana attirato da un Ninetales di Alola, che passa sfrecciando su un bob insieme alla sua Allenatrice. I ragazzi fanno conoscenza della donna, Isaura, una campionessa di Salto con Bob Pokémon, uno sport in cui Allenatore e Pokémon effettuano salti spettacolari su un bob. Isaura allora invita tutta la classe a partecipare alla Gara di Salto con Bob Pokémon del giorno successivo. Lylia è preoccupata che lo sport sia pericoloso, ma Bianchino è entusiasta di partecipare e alla fine la convince. Durante le prove, tuttavia, Lylia si spaventa per la velocità in discesa, chiude gli occhi durante il salto e viene sbalzata via dal bob, cadendo in mezzo alla neve. La ragazza vorrebbe desistere dal partecipare, ma Bianchino insiste per provarci. Così, dopo un incoraggiamento di Isaura, Lylia risale sul bob. Per creare una combinazione spettacolare con Bianchino, decide di insegnargli Velaurora. Il giorno successivo, alla Gara, riesce a compiere un salto magnifico accompagnato dall'attacco, nonostante una raffica di vento fortissima. Purtroppo non basta per arrivare sul podio, ma è servito a Bianchino per imparare una nuova mossa e rafforzare il legame con la sua Allenatrice.

Una prova... glaciale!

Di ritorno dall'Osservatorio Hokulani, sull'isola di Ula Ula, per prendere il traghetto che li riporti all'isola di Mele Mele, Lylia e i suoi compagni di classe decidono di prendere una scorciatoia attraverso una grotta. Il percorso è intricato, quindi devono fare attenzione a non perdersi. Tuttavia, mentre il Marowak di Kawe sta giocando con il suo osso, urta Tortunator facendolo cadere. Appena le punte del guscio toccano terra si scatena un'esplosione che divide il gruppo in aree diverse della caverna. Lylia si ritrova insieme a Bianchino, Chrys, Togedemaru, Ibis e Steenee. Mentre cercano l'uscita incontrano un gruppo di Sandshrew di Alola minacciato da un Tyranitar infuriato. I Sandshrew si trovano in difficoltà, quindi Lylia e Bianchino decidono di intervenire: la ragazza inizia una Lotta in Doppio con il suo Pokémon e un grosso Sandshrew. Bianchino protegge la squadra dagli attacchi avversari con Velaurora, mentre l'altro riesce a mettere definitivamente in fuga Tyranitar con Ferrartigli. Subito dopo, Chrys scopre che la grotta in cui si trovano è una miniera di Pietragelo. Il Charjabug di Chrys ne trova una, che viene usata dal Sandshrew alleato di Lylia per evolversi in Sandslash. Come ringraziamento per l'aiuto ricevuto, il Pokémon dona all'Allenatrice un Glacium Z, necessario per lanciare la mossa Z Criodistruzione Polare.

Mosse Z

Le mosse Z sono degli attacchi speciali originali della regione di Alola. Sono talmente potenti da poter essere usati solo una volta per lotta. Per eseguirne una, gli Allenatori hanno bisogno di un Cerchio Z in cui inserire un Cristallo Z. Ne esistono di svariati e ognuno permette di usare una mossa Z differente. C'è un Cristallo Z per tipo e altri ancora più speciali che sono associati a una singola specie di Pokémon.

L'ultima fatica: la Lega di Alola

Lylia si affida a Bianchino anche per affrontare la Lega di Alola. Durante i preliminari, nella Battle Royale tra i 151 partecipanti, il Vulpix manda KO un Salamence insieme al Tortunator di Kawe. Nel primo round, invece, Lylia deve affrontare suo fratello Iridio. Bianchino si scontra con Umbreon, dimostrando di essere davvero migliorato: usa Grandine per poter sfruttare la propria abilità, Mantelneve, e nascondersi dagli attacchi dell'avversario. Velaurora invece gli torna utile per diminuire l'impatto delle mosse di Umbreon. Tuttavia, Lylia si rende conto che il fratello è troppo forte per poterlo sconfiggere con mezzi normali, quindi tenta il tutto per tutto con la mossa Z Criodistruzione Polare. Purtroppo anche questo non è sufficiente: Umbreon resiste e contrattacca con Codacciaio, che manda al tappeto Bianchino. Alla sua prima partecipazione a un torneo Lylia riesce ad arrivare agli ottavi di finale, ovvero tra i sedici migliori Allenatori!

FORSE NON SAPEVI CHE...

- Bianchino è l'unico Pokémon ad aver ricevuto un soprannome prima della sua schiusa dall'Uovo.

- Bianchino, come il Pikachu di Ash, non vuole evolversi: quando Chrys trova una Pietragelo e la offre a Lylia, la ragazza chiede al suo Pokémon se desidera evolversi, ma lui si ritrae spaventato.

- Bianchino è il secondo Vulpix a viaggiare con Ash: il primo era stato quello di Brock, che l'ha accompagnato a Kanto e Johto.

- Nonostante sia un attacco che generalmente i Pokémon imparano subito, Bianchino usa Azione solo molto dopo la sua schiusa.

BIANCHINO

ELECTIVIRE DI PAUL

Evoluzioni

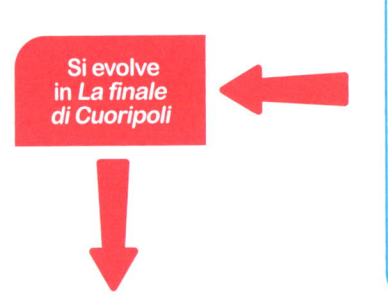

Si evolve in *La finale di Cuoripoli*

Elekid
Pokémon Elettrico
Pronuncia: Elechìd
Tipo: Elettro
Regione: Sinnoh
Altezza: 0,6 m
Peso: 23,5 kg

Non è ancora abile nell'immagazzinare elettricità. Si intrufola nelle abitazioni in cerca di prese di corrente, che sfrutta per nutrirsi.

Electabuzz
Pokémon Elettrico
Pronuncia: Elèctabaz
Tipo: Elettro
Regione: Sinnoh
Altezza: 1,1 m
Peso: 30,0 kg

All'arrivo di un temporale questi Pokémon si raggruppano intorno agli alberi più alti, aspettando immobili che cada un fulmine.

Si evolve prima di *Paul contro Barry!*

Electivire
Pokémon Saetta
Pronuncia: Elèctivair
Tipo: Elettro
Regione: Sinnoh
Altezza: 1,8 m
Peso: 138,6 kg

È uno dei Pokémon di tipo Elettro che producono più elettricità. Rilascia scariche ad alto voltaggio dalla punta delle code.

ELECTIVIRE DI PAUL

Mosse usate

Tuono
Dalle antenne sulla testa di Electivire parte un raggio di elettricità che colpisce il bersaglio.

Protezione
Electivire alza le braccia e crea uno scudo semisferico verde davanti a sé che lo protegge dagli attacchi nemici.

Breccia
Electivire solleva una delle braccia, che si circonda di scariche bianche prima di colpire l'avversario dall'alto.

Tuonopugno
Electivire avvolge il proprio pugno con l'elettricità e poi colpisce il nemico.

Schermoluce
Electabuzz crea un cubo di energia gialla capace di proteggere se stesso e gli altri Pokémon della sua squadra contro ogni mossa speciale dell'avversario.

Gigaimpatto
Electivire si lancia contro il bersaglio con una potenza tale da sprigionare un'onda d'urto viola.

Le prime lotte

Elekid è uno dei Pokémon più importanti di Paul nel corso del suo viaggio a Sinnoh. Viene usato già nella prima lotta contro Ash Ketchum e il suo Pikachu. Nonostante sia un Pokémon Baby, dimostra di possedere delle mosse impressionanti, come Tuono e Breccia, che mettono in crisi il suo avversario, più esperto. Grazie anche agli ordini e alla strategia del suo Allenatore, Elekid sfrutta al meglio ogni situazione per contrattaccare e subire meno danni possibili. Protezione è utile per difendersi dal potente Locomovolt di Pikachu, che subisce così danni da contraccolpo. Per l'avversario è difficile reagire all'alternanza di Breccia e Tuonopugno e, per questo, la prima lotta termina con un pareggio.

Elekid gioca un ruolo fondamentale anche nella sfida in cui Paul fronteggia Pedro, Capopalestra di Mineropoli, per la Medaglia Carbone. Il Pokémon Elettro sconfigge con Breccia il Geodude avversario e continua a lottare contro Onix: non riesce a infliggergli danni, ma lo paralizza con la sua abilità, Statico. Paul quindi lo richiama per farlo riposare e lo sceglie nuovamente per lo scontro finale contro il Cranidos di Pedro. Sfruttando la stanchezza dell'avversario, Elekid passa subito in vantaggio e assicura la vittoria al suo Allenatore con Breccia.

L'evoluzione in Electabuzz e uno scontro leggendario

Elekid viene utilizzato anche durante il Torneo di doppi incontri di Cuoripoli, un torneo tra squadre composte da due Allenatori. Al fianco di Chimchar, da poco liberato da Paul ed entrato nella squadra di Ash, affronta in finale il Buizel di Lucinda e l'Heracross di Conway. Tra gli ex compagni non c'è spirito di collaborazione: attaccano separatamente e vengono presto sopraffatti.

Paul

Paul è il principale rivale di Ash nelle sue avventure a Sinnoh. Originario di Rupepoli, ha viaggiato attraverso Kanto, Johto e Hoenn affrontando le rispettive Leghe, prima di tornare nella regione natìa e riprovare a vincere un campionato. È ossessionato dalla forza dei suoi Pokémon ed è solito liberare quelli che non ritiene alla sua altezza, come ha fatto con Chimchar. Dopo la sconfitta contro Baldo, però, inizia a capire che la potenza non è tutto, e dalla sfida contro Ash alla Lega del Giglio della Valle esce un ragazzo più maturo e più attento nei confronti dei suoi Pokémon.

ELECTIVIRE DI PAUL

La sconfitta sembra certa, quando improvvisamente Elekid si evolve in Electabuzz. Grazie alla rinnovata potenza, scaglia un Tuono che manda al tappeto Buizel lanciandolo contro Heracross. Vittoria!

La sola forza bruta, tuttavia, non basta, come Paul ha modo di imparare nella Lotta Totale contro il Re Piramide Baldo. Electabuzz scende in campo contro Regirock e lo colpisce con Breccia, ma l'avversario contrattacca con un Pietrataglio talmente potente da rompere persino la sua Protezione. L'Iper Raggio seguente è sufficiente per mandare il Pokémon di Paul KO senza che abbia avuto modo di impensierire l'avversario…

Rivali

Nella vita gli amici sono molto importanti, ma sono gli avversari leali che spronano a migliorarsi! I rivali servono proprio a questo: Ash ne ha incontrati diversi nei suoi viaggi, ognuno con un carattere differente, ma tutti gli sono stati di grande aiuto per diventare un Allenatore di successo. La rivalità con Paul è stata un punto cardine del suo viaggio a Sinnoh.

MOMENTO TOP

Ritrovarsi con il nemico

Durante la Lotta Totale contro Ash al Lago Arguzia, Electabuzz è uno dei Pokémon centrali nella strategia di Paul: compare in campo due volte per un breve periodo di tempo per usare Schermoluce e proteggere così i suoi compagni di squadra. Il ruolo principale, però, lo ha nella lotta contro l'appena evolutosi Monferno. Nonostante subisca molti colpi, riesce a resistere abbastanza da indebolire l'avversario con una serie di Tuono e avere la meglio nello scontro finale con il suo Tuonopugno. In questo modo, Paul riesce a sconfiggere Ash con ben quattro Pokémon ancora in grado di lottare!

L'Infernape di Ash

Electivire ha un rapporto molto particolare con l'Infernape di Ash: si conoscono da quando erano rispettivamente un Elekid e un Chimchar ed erano entrambi Pokémon di Paul. Elekid aveva provato ad allenare Chimchar per fargli sfruttare al meglio Aiutofuoco, ma senza successo. Questo aveva molto infastidito Paul, che aveva deciso di liberarlo. Ma anche dopo che Chimchar è diventato un Pokémon di Ash, Electivire è sempre stato presente durante le sue evoluzioni e quando ha imparato a controllare il proprio potere. Come i rispettivi Allenatori, sono a tutti gli effetti dei rivali e rispettano la forza l'uno dell'altro.

L'evoluzione in Electivire e la resa dei conti finale

Electabuzz si evolve in Electivire giusto in tempo per la Lega del Giglio della Valle, la Lega Pokémon di Sinnoh. Con lui, agli ottavi di finale, Paul affronta e sconfigge l'Empoleon di Barry. Ai quarti Paul incontra nuovamente il rivale storico, Ash, e sceglie Electivire come ultimo Pokémon della Lotta Totale. Riesce a sconfiggere subito Gliscor facendo un buon uso del campolotta e sfruttando le code per immobilizzarlo e attaccare. Contro Pikachu, dopo uno scambio concitato di colpi, sfrutta la sua abilità, Elettrorapid, per potenziarsi dopo essere stato colpito da Locomovolt. Sfruttando la maggiore velocità colpisce con Breccia, che sconfigge il secondo avversario. Ad Ash resta solo Infernape! Come sempre, lo scontro è serratissimo e la posta in palio è alta: l'accesso alla semifinale. Dopo una serie di mosse e contromosse, Electivire riesce ad afferrare anche Infernape con la coda, immobilizzandolo e colpendolo con un potentissimo Tuono, che sembra non lasciargli scampo. Infernape però resiste e attiva la sua abilità, Aiutofuoco, che potenzia tutte le mosse di tipo Fuoco, rendendo la lotta letteralmente incandescente! Ogni attacco sembra essere quello definitivo, fino allo scontro finale tra Tuonopugno e Fuococarica, che vede Electivire uscire sconfitto e Ash passare il turno.

FORSE NON SAPEVI CHE...

- Electivire è l'unico Pokémon di Paul di cui si veda l'evoluzione nella serie: si evolve infatti da Elekid a Electabuzz durante il Torneo di doppi incontri di Cuoripoli.

- Electivire è l'unico Pokémon usato da Paul in entrambe le Lotte Totali contro Ash, prima al Lago Arguzia e poi nei quarti di finale della Lega del Giglio della Valle.

- Nella sfida contro Ash alla Lega del Giglio della Valle, è l'unico Pokémon usato da Paul ad avere un solo tipo.

- Electivire è uno dei pochi Pokémon della serie animata ad attivare due abilità: Statico gli è stata molto utile da Elekid, ma ha anche saputo sfruttare Elettrorapid da Electivire.

ELECTIVIRE

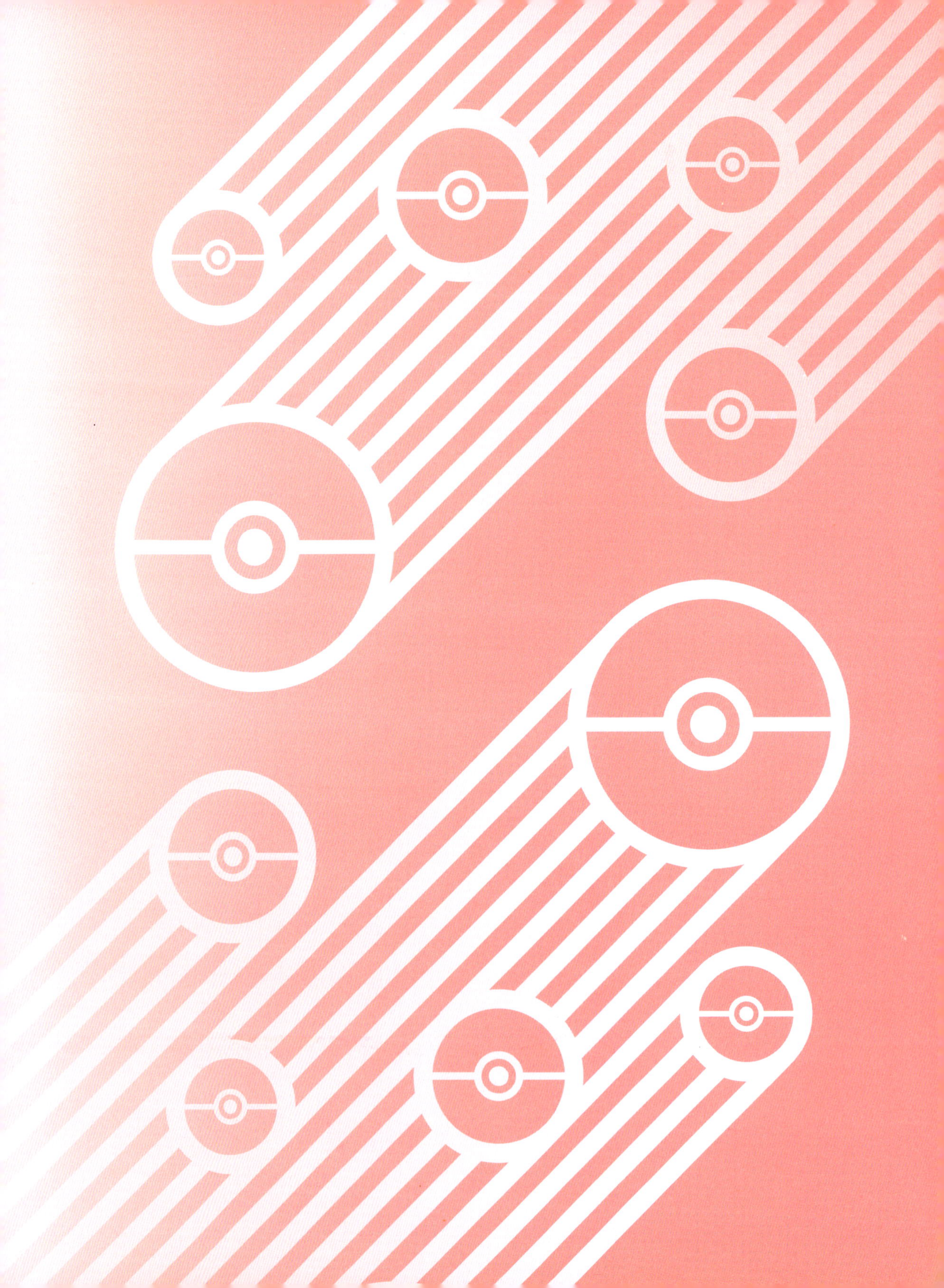

TOGEPI DI MISTY

Evoluzioni

Togepi
Pokémon Pallapunte
Pronuncia: Tòghepi
Tipo: Folletto
Regione: Kanto
Altezza: 0,3 m
Peso: 1,5 kg

Sembra che il suo guscio sia ricolmo di felicità. Si dice che porti fortuna se lo si tratta bene.

Si evolve in *Due mondi in bilico*

Togetic
Pokémon Felicità
Pronuncia: Tòghetic
Tipo: Folletto-Volante
Regione: Hoenn
Altezza: 0,6 m
Peso: 3,2 kg

Si dice che appaia alle persone buone e premurose, inondandole di felicità.

TOGEPI DI MISTY

Mosse usate

Metronomo
Togepi inizia a muovere a destra e sinistra le zampe, che si illuminano. Dopodiché evoca una mossa a caso.

Fascino
Togepi sorride, rilasciando cuoricini rosa che inteneriscono l'avversario.

Salvaguardia
Togetic crea una barriera di energia azzurra che lo protegge dagli attacchi del nemico.

Mosse usate tramite Metronomo

Esplosione, Teletrasporto, Barriera, Splash, Terremoto

Un Pokémon conteso

Ash Ketchum e i suoi amici passano una giornata davvero impegnativa nel Canyon preistorico: non solo affrontano un gruppo di Pokémon antichi che si sono appena risvegliati, ma Ash viene anche rapito in volo da un Aerodactyl e il suo Charmeleon si evolve in Charizard per fermare il Pokémon Fossile! Sfortunatamente non ci riesce, perciò Misty chiede a Jigglypuff, che si trova lì per caso, di cantare la sua ninna nanna. La canzone fa addormentare tutti, incluso il Pokémon che trasportava Ash in volo. Atterrato al suolo, l'Allenatore si trova tra le braccia uno strano Uovo bianco a macchie colorate. La sera seguente, il gruppo decide di prendersene cura fino a quando non si schiuderà.

Purtroppo il Team Rocket lo scopre e, con un piano meschino, ruba l'Uovo e Meowth inizia a occuparsene. Decisi a riconquistare il maltolto, Ash, Misty e Brock li rintracciano. Ma ecco che, tutto d'un tratto, l'Uovo inizia a brillare: Misty lo prende in mano proprio quando si schiude e nasce... Togepi! Dato che tutti in un modo o nell'altro si sono presi cura dell'Uovo, Ash, Misty, Brock e Meowth decidono di organizzare un torneo per stabilire chi potrà tenere il Pokémon. Vince Ash, che si appresta a catturare il Pokémon Pallapunte. Togepi, tuttavia, dimostra simpatia solo per Misty perché, come spiegato dal Pokédex, considera il primo essere vivente che ha visto come sua madre. Misty è contentissima: ha un nuovo cucciolo da coccolare!

Misty

Misty è la Capopalestra di Celestopoli, ma ha lasciato la Palestra in mano alle sorelle per viaggiare e diventare una Maestra di Pokémon Acqua. Incontra Ash quando il suo Pikachu le distrugge la bici con Tuonoshock e allora intraprende la sua avventura con il ragazzo, che le promette che la ripagherà.

TOGEPI DI MISTY

Piccolo e imprevedibile

Togepi è un Pokémon molto curioso e ingenuo, e per questo si caccia spesso nei guai. Fortunatamente, il Pikachu di Ash diventa per lui una sorta di fratello maggiore e lo soccorre di continuo anche se Togepi non sembra neppure rendersene conto: per lui tutto è un gioco e, anche se è troppo piccolo per lottare, è capace di usare Metronomo per mettersi in salvo o aiutare gli amici in difficoltà. Impara la mossa quando Butch e Cassidy, due membri del Team Rocket, sfruttano i poteri psichici di un Drowzee per far ribellare i Pokémon contro i loro Allenatori. Togepi imita la tecnica ipnotica del nemico, che consiste nel muovere le zampe prima a destra e poi a sinistra, e usa inconsapevolmente Metronomo, evocando Esplosione, che per fortuna spedisce in orbita i cattivi! Usa di nuovo questa mossa sull'isola dei Pokémon rosa, quando un Rhyhorn selvatico carica il gruppo e Togepi evoca Teletrasporto, portando tutti al sicuro. Poco dopo utilizza nuovamente la mossa, evocando questa volta Barriera per bloccare l'Iper Raggio di un Nidoking.

Vincere con il sorriso

Togepi è troppo piccolo per lottare, ma Misty sa comunque sfruttare le sue qualità: in un momento di tranquillità durante il viaggio a Johto, la ragazza pesca un Totodile, il Pokémon iniziale di tipo Acqua della regione. Essendo un'Allenatrice esperta in Pokémon di questo tipo, Misty non vuole farsi sfuggire l'occasione di catturarlo, ma anche Ash è interessato. Dopo averci provato entrambi senza successo, i due ragazzi decidono di usare un'Esca Ball, lo strumento idoneo a catturare i Pokémon incontrati pescando. Ne lanciano due nello stesso momento e la cattura riesce. Purtroppo, però, non si sa a chi appartenga la Esca Ball che contiene il Totodile! Brock allora propone agli amici di sfidarsi per decidere chi terrà il Pokémon. Misty dichiara di avere un'arma segreta e schiera in campo Togepi contro il Pikachu di Ash. Il ragazzo è sorpreso e chiede spiegazioni, così l'amica confessa che lo ha scelto perché sa che Pikachu, da buon fratello maggiore, non gli farebbe mai del male. E Misty ha ragione: Pikachu è titubante! Togepi lo "attacca" con un abbraccio prima di "sconfiggerlo" con un tenerissimo Fascino, costringendolo a ritirarsi. È proprio vero che la forza non è tutto! Alla fine, Ash riesce comunque a vincere il match e il Totodile, ma Misty è contenta di aver sorpreso gli amici con il suo piccolo compagno!

Un tenero combinaguai

Togepi è un cucciolo e quindi viene costantemente coccolato da Misty, che lo porta sempre in braccio. Quando vuole dormire, si rifugia nello zaino della sua Allenatrice, che considera a tutti gli effetti la sua mamma.

L'abito non fa il monaco

Sulla strada per Amarantopoli, il gruppo viene attaccato nuovamente dal Team Rocket. Nella confusione, Misty inciampa e Togepi rotola lontano. Usando Metronomo, il Pokémon evoca Teletrasporto e finisce tra i rami di un grosso albero. Ma quando si rende conto di essere solo e a una grande altezza da terra, Togepi si impaurisce e inizia a piangere. Un Houndoom dall'aspetto minaccioso passa fortunatamente da quelle parti e decide di aiutarlo a scendere. I due diventano così grandi amici e il Pokémon Buio inizia a prendersi cura di Togepi: gli procura il cibo, lo salva dalle grinfie di un Pinsir e se lo carica sulla schiena per andare in cerca di Misty. Insieme, vivono emozionanti avventure: sfuggono per un pelo a un Gyarados, ballano con dei Bellossom in un grande prato fiorito e trovano riparo dalla pioggia. Scorgono persino il Pokémon leggendario Raikou, seppure di sfuggita! Alla fine arrivano alla fattoria dell'allevatore proprietario di Houndoom, dove vengono raggiunti da Misty e dagli altri. Al termine della giornata, Togepi e Houndoom si devono salutare e il Pokémon Punte inizia a piangere perché sa che non rivedrà più il suo nuovo, gentile amico.

Dieci, cento, mille evoluzioni!

Nel mondo dei Pokémon, sono molte le specie che hanno la capacità di evolversi. Generalmente l'evoluzione avviene quando i Pokémon diventano abbastanza forti, ma in alcuni casi accade se vengono scambiati con un altro Pokémon, se sono esposti a qualche strumento particolare, se l'affetto che provano per il proprio Allenatore è al massimo oppure dopo aver imparato una determinata mossa. Tutti i Professori Pokémon del mondo stanno studiando nuove forme di evoluzione… quante ce ne saranno ancora?

TOGEPI DI MISTY

MOMENTO TOP

Salvare il Paradiso dei Togepi!

Durante il viaggio nella regione di Hoenn, Ash, Brock e i loro nuovi amici Vera e Max incontrano Misty nelle vicinanze del Regno Miraggio, una nazione autonoma governata da un Re e da una Regina. Per ordine del Colonnello Hansen, un ufficiale dell'esercito locale, Jessie, James e Meowth rapiscono il Togepi di Misty. L'uomo, infatti, vuole impadronirsi del Regno Miraggio ma, secondo la legge locale, si può diventare re solo se si possiede un Togepi. Con il Pokémon nelle sue mani, Hansen cerca di aprire il portale che conduce al Paradiso dei Togepi, il mondo abitato da queste creature, per legittimare la sua ascesa al trono. Quando i ragazzi provano a fermarlo, Hansen li attacca con i suoi Shedinja e Ninjask, dei Pokémon di tipo Coleottero. Il Togepi di Misty li blocca creando una barriera, che successivamente porta i ragazzi nel Paradiso. Una volta arrivato, il gruppo scopre con sgomento un mondo in rovina e i Togepi stremati. Il Pokédex spiega che questi condividono la loro energia con gli uomini, ma che se entrano in contatto con una persona cattiva, la loro energia viene risucchiata: dunque è tutta colpa del malvagio Hansen! Tornati nel Regno Miraggio, Togepi viene nuovamente rapito e l'uomo rivendica il trono. Il gruppo cerca di spodestarlo e le loro buone azioni fanno recuperare energia agli altri Togepi, che arrivano nel Regno Miraggio per salvare l'esemplare di Misty. A quel punto Togepi si evolve in Togetic e protegge i suoi simili dall'ultimo attacco di Hansen, permettendo alla sua Allenatrice di sconfiggerlo e di farlo arrestare. Superato il pericolo, Togetic decide di rimanere nel Paradiso dei Togepi per proteggerlo da altre eventuali minacce. Abbraccia quindi Misty e, dopo un triste ma commovente addio, parte verso la sua nuova vita.

FORSE NON SAPEVI CHE...

- Togetic è l'unico dei Pokémon di Misty a non essere di tipo Acqua e a non potersi evolvere in un Pokémon di questo tipo.

- Nella serie animata, Togepi è il primo Pokémon nato da un Uovo.

- È stato il secondo Pokémon originario di Johto ad apparire nella serie animata dopo il leggendario Ho-Oh e il primo originario di quella regione ad appartenere a uno dei protagonisti.

- È stato anche il primo Pokémon Baby di un personaggio importante.

- La Poké Ball di Togetic non è mai stata mostrata.

TOGEPI

UMBREON DI GARY

Evoluzioni

Si evolve prima di *Blackout*

Eevee
Pokémon Evoluzione
Pronuncia: Ìvi
Tipo: Normale
Regione: Kanto
Altezza: 0,3 m
Peso: 6,5 kg

Ha la capacità di alterare la propria struttura corporea per adattarsi all'ambiente circostante.

Umbreon
Pokémon Lucelunare
Pronuncia: Ùmbreon
Tipo: Buio
Regione: Johto
Altezza: 1,0 m
Peso: 27,0 kg

I cerchi sul corpo emettono un bagliore giallo quando è agitato o nelle notti di luna piena.

Mosse usate

Riflesso
Eevee crea una barriera arancione attorno a sé per respingere gli attacchi nemici.

Doppioteam
Eevee crea tante copie di se stesso per confondere l'avversario.

Introforza
Gli occhi di Umbreon iniziano a brillare prima di colpire l'avversario con una scarica di energia oscura.

Riduttore
Eevee carica l'avversario con tutto il proprio peso.

Azione
Umbreon colpisce l'avversario con tutto il corpo.

Turbosabbia
Umbreon volta le spalle al nemico e gli lancia contro della terra con le zampe posteriori per accecarlo.

UMBREON DI GARY

Mosse usate

Capocciata
Eevee carica a testa bassa il nemico e lo colpisce con tutte le sue forze. Mentre attacca, si circonda di un'energia bianca.

Attacco Rapido
Umbreon colpisce l'avversario a tutta velocità, lasciando dietro di sé una scia bianca.

Flash
I simboli dorati sul corpo di Umbreon iniziano a brillare e il Pokémon illumina l'area circostante.

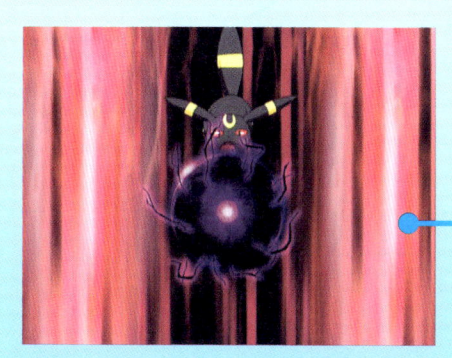

Psichico
Gli occhi di Umbreon iniziano a brillare di azzurro, poi solleva l'avversario e lo scaglia dove vuole.

Palla Ombra
Umbreon carica una sfera di energia scura davanti alla bocca e la lancia contro l'obiettivo.

Un piccolo Pokémon… una grande potenza!

Eevee è al fianco di Gary quando il suo Allenatore ritrova Ash Ketchum, il suo storico rivale. I due si incontrano a Biancavilla, un villaggio nel sud di Kanto, pronti a partire per la sconosciuta regione di Johto. Eevee è un Pokémon piccolo e aggraziato, ma il pelo scintillante e gli occhi vispi fanno pensare a Brock, l'amico di Ash, che sia ben allenato.

Gary Oak

Gary è il primo rivale di Ash nonché il nipote del Professor Oak. All'inizio del suo viaggio vuole diventare il più forte Allenatore del mondo, ma dopo aver perso contro Ash alla Conferenza Argento, riconsidera le sue priorità e sceglie di diventare ricercatore Pokémon, seguendo le orme del nonno.

Il Pokémon Evoluzione ha modo di dimostrarlo nella lotta che i due rivali si concedono per testare le proprie abilità in vista del viaggio che li aspetta. Gary, infatti, sceglie Eevee per affrontare il Pikachu di Ash e, grazie all'utilizzo di Riflesso, riesce ad assorbire l'Attacco Rapido dell'avversario senza subire alcun danno. Eevee schiva il successivo Fulmine di Pikachu con Doppioteam ma, quando prova a contrattaccare con Riduttore, viene bloccato dall'Agilità dell'avversario. Eevee non demorde e, dopo aver caricato Capocciata, si lancia verso Pikachu. Il Pokémon Elettro prova a rispondere con Tuono, ma Eevee lo precede e lo sconfigge senza essere mai stato colpito.

Umbreon, grazia ed eleganza

Quando Ash incontra nuovamente Gary, Eevee si è già evoluto in un bellissimo Umbreon e sta lottando contro l'Alakazam di Alex Davis. Grazie alla sua agilità, schiva facilmente il Falcecannone, la Bottintesta e il Dinamipugno dell'avversario. Quando Alakazam usa Doppioteam, Umbreon sfrutta le sue nuove doti e percepisce il vero Pokémon, schiantandolo a terra. Alakazam evita l'Attacco Rapido del Pokémon di Gary con Teletrasporto, ma quando si prepara a contrattaccare con Iper Raggio, Umbreon lo schiva con eleganza e lo colpisce con Introforza, vincendo ancora una volta senza aver subito neanche un danno.

Colpito dalle sue capacità, Ash vorrebbe sfidarlo, ma Gary rifiuta la richiesta sgarbatamente perché lo ha già battuto in passato. Poco dopo, il Team Rocket tenta nuovamente di rapire Pikachu, così Gary e Umbreon aiutano il rivale a sventare il loro piano. I cattivi maldestramente causano problemi a un bacino idrico e, dopo averli sconfitti, il gruppo entra nella diga per risolvere la situazione. Grazie alla sua capacità di emettere luce dagli anelli che ha sul corpo, Umbreon usa Flash per illuminare la sala di controllo e permettere così ai ragazzi di trovare la leva che ripristina il funzionamento della diga.

Allenare un rivale!

Quando il Gligar di Ash, un Pokémon a forma di scorpione volante, si trova in difficoltà nel perfezionare le sue abilità di volo, Gary e Umbreon si offrono di aiutarlo con una lotta d'allenamento. L'incontro dura poco perché, dopo aver evitato la Palla Ombra di Umbreon, Gligar rimane paralizzato dalla paura di volare. Gary comprende la situazione e sospende l'allenamento, poi offre ad Ash un Affilodente, lo strumento necessario perché il suo Pokémon si evolva in Gliscor. L'oggetto si dimostra indispensabile poco dopo, quando il solito Team Rocket cerca di catturare i Pokémon dei ragazzi: Gligar si evolve e impara a volare, sconfiggendo i nemici e liberando i compagni rapiti.

MOMENTO TOP
In aiuto dei più deboli!

Umbreon e Gary non sopportano le ingiustizie e, quando nella lontana regione di Sinnoh la spietata Cacciatrice di Pokémon J cerca di catturare uno Shieldon, i due intervengono subito! Utilizzando Turbosabbia, Umbreon riesce a creare un passaggio per far scappare Gary, Ash, Brock e Lucinda con Shieldon. Purtroppo J riesce a raggiungerlo prima degli altri, allora Umbreon tenta di sabotare nuovamente il piano, usando Palla Ombra per causare una serie di esplosioni nella nave volante della Cacciatrice.

Una donna malvagia di nome J

J è una Cacciatrice che sfrutta un macchinario di sua invenzione per pietrificare i Pokémon che vuole rapire e rivendere al miglior offerente. Incrocia la strada dei nostri eroi in diverse occasioni, ma alla fine viene sempre sconfitta.

Una sconfitta che brucia

Quando nessuno si aspettava il suo ritorno, la Cacciatrice di Pokémon J si unisce al Team Galassia, un gruppo di cattivi che mira a riscrivere il tempo e lo spazio. Umbreon avvista la sua nave volante, ma lui e Gary non possono fare nulla perché vengono bloccati da Saturno, uno dei quattro comandanti del Team. Umbreon deve quindi affrontare la sua Toxicroak: il Pokémon Lucelunare attacca con Psichico, ma la sua agilità viene superata dal nemico, che lo ferisce con Forbice X. L'avversaria, infatti, è più veloce di Umbreon e, poiché Gary non fa in tempo a ideare una nuova strategia, il Pokémon viene sconfitto. Oltre al danno, la beffa: la vittoria di Saturno permette a J di catturare i tre Pokémon leggendari Uxie, Mesprit e Azelf. Fortunatamente, i nostri eroi alla fine riescono a liberarli.

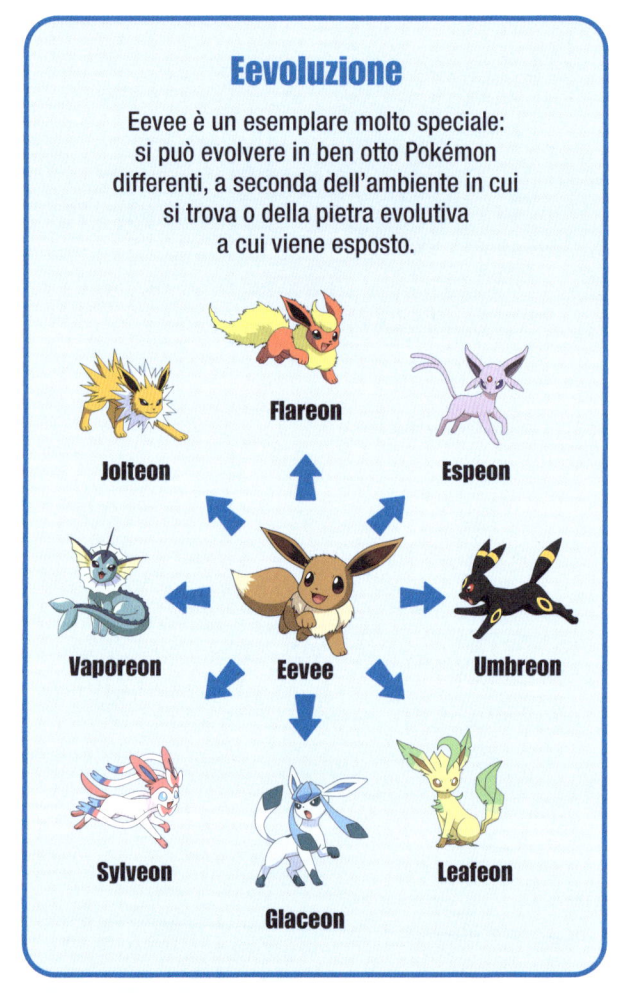

Eevoluzione

Eevee è un esemplare molto speciale: si può evolvere in ben otto Pokémon differenti, a seconda dell'ambiente in cui si trova o della pietra evolutiva a cui viene esposto.

Jolteon — **Flareon** — **Espeon**
Vaporeon — **Eevee** — **Umbreon**
Sylveon — **Glaceon** — **Leafeon**

Forza e leggiadria

Umbreon è un Pokémon molto agile ed elusivo: riesce a schivare quasi tutti gli attacchi con grazia ed eleganza. Nelle lotte si dimostra anche molto potente, sconfiggendo spesso il proprio avversario con un colpo solo.

FORSE NON SAPEVI CHE...

- Gary possiede tantissimi Pokémon al laboratorio di suo nonno, il Professor Oak, ma Umbreon è l'unico, insieme a Blastoise, ad averlo accompagnato fino a Sinnoh.

- Eevee è uno dei pochi Pokémon della serie animata a essersi evoluto tramite affetto.

- Tra tutti i Pokémon dei rivali di Ash, Umbreon ha utilizzato il maggior numero di mosse, per un totale di undici.

- Nonostante debutti alla fine della saga dell'Arcipelago Orange, Umbreon non viene mai colpito da un attacco fino a quando non lotta contro la Toxicroak di Saturno.

UMBREON

JIGGLYPUFF

Evoluzioni

Jigglypuff
Pokémon Pallone
Pronuncia: Gìgglipaf
Tipo: Normale-Folletto
Regione: Kanto
Altezza: 0,5 m
Peso: 5,5 kg

Modulando a piacere la lunghezza d'onda della sua voce, canta una melodia misteriosa che fa addormentare immancabilmente chi la ascolta.

Non si conoscono evoluzioni di questo Pokémon.

Mosse usate

Canto
Jigglypuff canta una canzone che fa addormentare persone e Pokémon presenti.

Botta
Jigglypuff colpisce l'avversario con la zampa.

Doppiasberla
Jigglypuff schiaffeggia ripetutamente il nemico.

Un canto soporifero

Mentre Ash, Misty e Brock sono in viaggio verso l'Isola Cannella per la settima lotta in Palestra del giovane Allenatore, una sera si fermano a Illuminopoli. La città è strana: le persone sono scontrose perché sono indaffarate e non dormono mai. Dopo aver passato una notte in albergo, il gruppo riparte e in una foresta lì vicino incontra un Jigglypuff. Misty decide di catturarlo ma, dopo averlo colpito con lo Sdoppiatore del suo Staryu, il Pokémon Pallone inizia a piangere: ha la gola secca e non riesce a cantare! Per aiutarlo, Brock gli offre un frutto adatto a curarlo. A questo punto i ragazzi decidono di ascoltare la canzone del Pokémon, ma si addormentano tutti durante l'esibizione! Furioso, Jigglypuff allora si vendica scarabocchiando il volto dei presenti con un pennarello indelebile trovato nello zaino di Ash. Al risveglio, i tre comprendono la situazione e decidono di provare a far ascoltare la canzone ai propri Pokémon per far felice Jigglypuff, ma nessuno resiste alla melodia soporifera: persino Psyduck si addormenta, pur rimanendo con gli occhi aperti! Jigglypuff è sempre più infastidito, così Brock propone di portarlo a Illuminopoli e farlo cantare lì: nessuna delle persone in città è solita dormire, quindi potrebbero riuscire ad ascoltare il Pokémon Pallone fino alla fine. Una volta arrivati, i tre del Team Rocket travestiti offrono ai ragazzi un furgone trasformato in palcoscenico per far esibire Jigglypuff: il loro piano è far addormentare tutti per poi rubare i Pokémon presenti! Il piccolo artista canta davanti ai cittadini, che cadono in un sonno profondo, incluso il Team Rocket, nonostante avesse indossato dei tappi per le orecchie. Il Pokémon Pallone per vendicarsi scarabocchia i volti del pubblico e poi se ne va, infuriato. La mattina dopo i cittadini si risvegliano molto più sereni e iniziano a scusarsi a vicenda per i precedenti screzi: un buon sonno è spesso la soluzione a molti problemi! I tre ragazzi lasciano Illuminopoli soddisfatti del risultato, ma chiedendosi se rivedranno mai Jigglypuff...

Artista incompreso

Jigglypuff è un artista con una bellissima voce, ma senza un pubblico! Il suo sogno, come lui stesso rivela al Meowth del Team Rocket, è diventare un cantante famoso e amato. Tuttavia, finisce sempre per far addormentare chi lo ascolta: quando se ne accorge, emette un verso di disappunto e si gonfia, per poi passare a pasticciare vendicativamente i volti del pubblico con un pennarello nero. L'unico ascoltatore che è riuscito in parte a resistere al suono del suo canto è stato un Whismur nella regione di Hoenn grazie alla sua abilità Antisuono, che gli ha permesso di arrivare addirittura alla seconda canzone di Jigglypuff prima di crollare!

MOMENTO TOP

Avventure spaziali

Da Illuminopoli, Jigglypuff inizia a seguire Ash e i suoi amici a loro insaputa, diventando famoso anche tra i conoscenti dei tre compagni. Sull'Isola Cannella il rivale di Ash, Gary, chiede a Jigglypuff di allietare la serata con una canzone, ma finisce per addormentarsi insieme alle sue cheerleader e subisce la vendetta del pennarello del Pokémon Pallone. Una notte, mentre Jigglypuff passeggia in una foresta vicino a Smeraldopoli, vede precipitare una navicella spaziale. Si avvicina per indagare e dal veicolo esce un gruppo di Clefairy che gli porta via il pennarello! Jigglypuff non può sopportare un simile affronto, così il giorno dopo si unisce ad Ash, Misty e Brock nell'inseguimento dei Clefairy, che nel mentre hanno rubato anche diversi oggetti agli abitanti di Smeraldopoli e persino rapito Pikachu. Il gruppo raggiunge la base di lancio in cui i Clefairy hanno costruito un razzo per far decollare la propria navicella. Jigglypuff affronta tutti a suon di Botta e Doppiasberla fino ad arrivare alla sala di comando, dove scopre che il suo pennarello è stato usato come leva di avviamento per il decollo! Il Pokémon Pallone se ne riappropria e inizia a cantare, facendo addormentare tutti durante la partenza. Fortunatamente i passeggeri riescono a svegliarsi e a scendere a terra illesi, compreso Jigglypuff, che ricomincia a seguire di nascosto Ash e i suoi amici.

Un pennarello... microfono?

Jigglypuff porta sempre con sé un oggetto simile a un microfono con la testina verde che sfodera ogni volta che ha l'occasione di esibirsi: sotto il cappuccio è nascosta la punta di un pennarello indelebile nero! Quando qualcuno cerca di rubarglielo fa di tutto per riprenderlo, perché ci è molto affezionato: non canta mai senza!

La conquista del palco

Mentre Ash e i suoi amici si dirigono a Ebanopoli, dove il giovane Allenatore potrà gareggiare per l'ultima Medaglia della regione di Johto, il gruppo assiste per caso alle prove per un concerto di due Igglybuff e della loro Allenatrice, Brittany. Anche Jigglypuff nota l'esibizione e cerca di unirsi con il suo canto, ma Ash lo vede e gli requisisce subito il pennarello-microfono per evitare che addormenti tutti. Invidioso, Jigglypuff si arrabbia e decide di fare degli scherzetti ai due Igglybuff, rubando i loro accessori di scena e scappando via. Arrivato il momento del concerto vero e proprio, durante l'esibizione Jigglypuff sgattaiola via dalla platea per recuperare il suo microfono dallo zaino di Ash.

Una volta riuscito nel suo intento, il Pokémon Pallone sale sul palco per cantare, ma viene interrotto dall'arrivo del Team Rocket, che rapisce i due Igglybuff e nella confusione cattura per sbaglio anche lui. Lo spettacolo viene sospeso, ma Brock si lascia convincere a fare da intermezzo in attesa che tornino le vere star. Ash, Misty e Brittany trovano Jigglypuff legato e imbavagliato a un albero in una foresta lì vicino e corrono a liberarlo. Il Pokémon li aiuta a raggiungere il Team Rocket e a sconfiggere il terribile trio, spedito in orbita dal Totodile di Ash con Pistolacqua. Lo spettacolo può quindi riprendere e Jigglypuff finalmente riesce a conquistare il palco e a cantare. Purtroppo, come al solito, si addormentano tutti. Così Jigglypuff se ne va offeso dal teatro, ma non prima di aver scarabocchiato i volti degli spettatori!

Il rivale impossibile da sconfiggere

Un giorno Jigglypuff, trasportato dal vento, compare nella Scuola di Pokémon di Mele Mele, nella regione di Alola, durante la lotta tra il Komala del Preside Manuel Oak e il Rowlet di Ash. Komala è un Pokémon che dorme perennemente ma che riesce comunque a mangiare, muoversi e persino lottare senza svegliarsi, quindi Ash si domanda se anche il suo Rowlet dormiglione possa agire durante il sonno. A un certo punto, Jigglypuff inizia a cantare e tutti si addormentano. Come al solito, il Pokémon pasticcia i volti dei presenti ma, arrivato a Komala, questi lo scaccia via. Jigglypuff è molto arrabbiato e torna di corsa al contrattacco al risveglio del pubblico, ma il Preside Oak ha un'idea: prepara per tutti degli occhiali con sopra disegnati degli occhi aperti, sperando di ingannare Jigglypuff. Tuttavia, durante il sonno gli occhiali si spostano, svelando il trucco, e Jigglypuff scarabocchia ancora di più i volti di tutti, ma finisce per essere nuovamente scacciato da Komala. Quando studenti, docenti e Pokémon si svegliano, Suiren prende in mano la situazione e chiede a tutti i Pokémon della classe di aiutare Komala a imparare Canto, di modo che possa cantare insieme agli altri al ritorno del Pokémon Pallone. Il Canto del Pokémon Dormiveglia riesce ad addormentare perfino Jigglypuff, che viene ripagato con la sua stessa moneta: Komala afferra il pennarello e per una volta pasticcia proprio il Pokémon Pallone! Al suo risveglio, Ash e gli altri temono che Jigglypuff si arrabbi per lo scherzo, ma in realtà lui si rivela felice e divertito e si lascia trasportare via dal vento senza dare più fastidio a nessuno.

FORSE NON SAPEVI CHE...

- Jigglypuff ha seguito Ash e i suoi amici nelle regioni di Kanto, Johto, Hoenn e Alola, ma non si è ancora fatto vedere a Sinnoh, Unima o Kalos.

- Da quando Brock ha curato il mal di gola di Jigglypuff, il suo canto non ha avuto un effetto soporifero in una sola occasione, quando nell'aria c'era del gas che rendeva più acute le voci di tutti. Jigglypuff se n'è andato perché questa modifica lo rendeva stonato.

- Gli scienziati adorano Jigglypuff. Il Dr. Gordon ha ideato un microfono per karaoke capace di rilassare chi canta al punto da farlo addormentare... e la testina del dispositivo è proprio a forma di Jigglypuff!

- Non sono solo le sue performance dal vivo a far addormentare il pubblico: quando Pokédex Rotom mostra delle riprese del canto di Jigglypuff, tutti i presenti si assopiscono, incluso Rotom!

JIGGLYPUFF

LYCANROC DI ASH

Evoluzioni

Si evolve in *Rinascere a nuova vita*!

Rockruff
Pokémon Cagnolino
Pronuncia: Ròccraf
Tipo: Roccia
Regione: Alola
Altezza: 0,5 m
Peso: 9,2 kg

Sfrega le appuntite pietre del suo collo addosso agli altri. È un segno di affetto abbastanza doloroso!

Lycanroc (Forma Crepuscolo)
Pokémon Lupo
Pronuncia: Làicanroc
Tipo: Roccia
Regione: Alola
Altezza: 0,8 m
Peso: 25,0 kg

In genere è calmo e controllato, ma al momento di lottare sfodera un impetuoso spirito combattivo.

Mosse Z usate

Gigamacigno Polverizzante
Cristallo Z: Petrium Z
Lycanroc crea un masso enorme sopra di sé accumulando piccole rocce. Dopodiché lo lancia contro il bersaglio.

Litotempesta Radiale
Cristallo Z: Lycanrochium Z
Lycanroc crea tante rocce appuntite e ne usa una per saltare oltre il nemico, che viene colpito dalle rocce in caduta libera.

Carica Travolgente
Cristallo Z: Normium Z
Rockruff si lancia a grande velocità contro l'avversario, creando una nube di polvere dietro di sé.

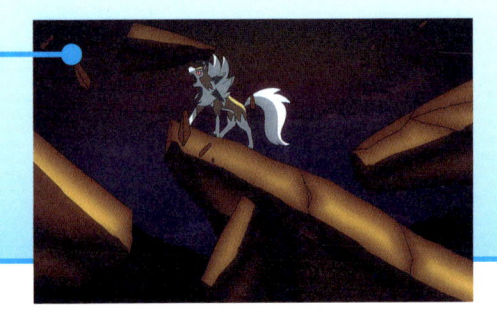

LYCANROC DI ASH

Mosse usate

Azione
Lycanroc si lancia con tutto il corpo contro il nemico, colpendolo.

Morso
Lycanroc apre la bocca, fa apparire davanti a sé delle fauci e addenta il bersaglio, mantenendo il più possibile la presa.

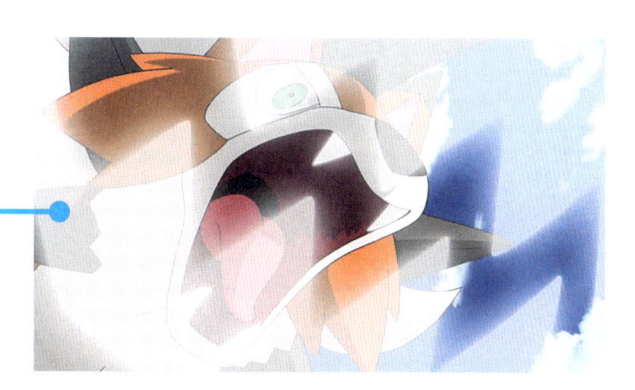

Sassata
Intorno alla coda di Lycanroc appaiono delle rocce che vengono lanciate contro l'avversario.

Rocciarapida
Lycanroc si illumina di bianco e si scaglia contro il nemico, colpendolo ad alta velocità.

Pietrataglio
Lycanroc picchia le zampe a terra e fa spuntare dal suolo dei massi azzurri in direzione dell'avversario.

Contrattacco
Lycanroc subisce una mossa e poi risponde con un contrattacco a potenza doppia.

L'allevamento del Professore e la cattura

Un giorno, il Professor Kukui trova un Rockruff selvatico e gli dà del cibo. Il Rockruff inizia a seguirlo, fino ad andare a vivere a casa sua.
Quando Ash Ketchum si trasferisce da Kukui per frequentare la Scuola di Pokémon, Rockruff si affeziona presto al ragazzo, che lo aiuta a imparare Sassata e a sconfiggere un Magmar con cui aveva un conto in sospeso. Kukui suggerisce quindi ad Ash di catturare il Pokémon, in modo che possano diventare dei veri compagni.

Ash ad Alola

Al posto di compiere il classico viaggio, ad Alola Ash si trasferisce a casa del Professor Kukui e frequenta la Scuola di Pokémon. Contemporaneamente, compie il giro delle isole e partecipa poi alla prima Lega Pokémon della regione, organizzata proprio da Kukui. Nel torneo affronta diversi compagni di classe e rivali, sconfiggendo tutti e diventando così il primo Campione di Alola!

La Grande Prova e l'evoluzione

Quando Ash sfida la Kahuna Alyxia nella Grande Prova di Akala, scopre con sua grande sorpresa che l'incontro sarà una Lotta in Doppio! I Pokémon di Alyxia sono Probopass e Lycanroc Forma Giorno. Ash vuole usare Rowlet per sfruttare il vantaggio di tipo, mentre Rockruff scende in campo da solo perché desideroso di affrontare la sua forma evolutiva.

LYCANROC DI ASH

Entrambe le coppie dimostrano di essere molto affiatate. Il Lycanroc avversario attacca con potenti mosse Roccia, mentre Probopass fornisce supporto riempiendo il campolotta di Levitoroccia. Rowlet, invece, sfrutta la sua capacità di volo per trasportare con sé Rockruff e aggirare tutti gli ostacoli. Finalmente giunge il momento di usare le mosse Z! Lycanroc usa Gigamacigno Polverizzante, ma i Pokémon di Ash riescono a sfruttare la mossa per liberarsi di Levitoroccia. Rowlet contrattacca con Floriscoppio Folgorante, che colpisce Probopass e lo sconfigge. La lotta sembra in discesa, ma nell'agitazione del momento Rockruff si ribella a Rowlet e lo attacca con Morso, mandandolo KO! Ash non si perde d'animo, rassicura Rockruff e gli infonde abbastanza coraggio per consentirgli di battere Lycanroc, vincendo la seconda Grande Prova e un Petrium Z!

> ### Professore Pokémon
>
> I Professori sono gli esperti di riferimento del mondo dei Pokémon. Ogni grande regione ne ha almeno uno e sono spesso loro a dare i Pokémon iniziali agli Allenatori. Ogni Professore è specializzato in un aspetto della vita dei Pokémon e Ash ne ha conosciuti moltissimi nel corso dei suoi viaggi, spesso affidando loro i Pokémon catturati che non può portare con sé.

Il giorno dopo, Rockruff continua a essere irrequieto e scappa da Ash. Mentre girovaga per l'isola di Akala, incontra il Pokémon protettore Tapu Lele! Decide subito di sfidarlo in una lotta, ma viene sopraffatto dalla potenza del Pokémon leggendario e rimane ferito gravemente. I Lycanroc di Alyxia e Iridio lo sentono ululare, lo trovano e lo portano al Tempio della Vita perché Tapu Lele lo possa curare. Inizialmente, il Pokémon protettore attacca i due Lycanroc, ma quando Ash si para davanti a Rockruff per proteggerlo, cambia idea e decide di aiutarlo. Il Pokémon Cagnolino si sveglia al tramonto, viene abbagliato dal raggio verde del sole e si evolve in un Lycanroc che non è né la Forma Giorno né la Forma Notte. Persino Pokédex Rotom non ha dati su questa nuova forma e Kukui decide di chiamarla Forma Crepuscolo, cioè il momento in cui è avvenuta l'evoluzione.

Professor Kukui

La prova più difficile, superare la rabbia!

Ash vuole usare Lycanroc anche nella Grande Prova di Ula Ula contro Augusto. Tuttavia, il Kahuna non vuole accettare lo sfidante perché non lo ritiene pronto. Su insistenza di Malpi, alla fine l'uomo acconsente di fare una lotta in preparazione alla Grande Prova tra il suo Krookodile e Lycanroc. La strategia del Kahuna è far arrabbiare il Pokémon Lupo per fargli perdere il controllo e sconfiggerlo facilmente e la mette in atto con estrema facilità. Dopo la sconfitta, Ash decide di fare una sessione di allenamento con Tapu Bulu per superare i problemi di Lycanroc. Insieme a Malpi, attraversa quindi il Deserto Haina per andare al Tempio del Raccolto e incontrare il Pokémon protettore. Grazie all'allenamento, Lycanroc impara la mossa Pietrataglio e… a non arrabbiarsi quando gli si sporca il pelo!

Ash torna quindi da Augusto, che decide di sottoporre il ragazzo a una Grande Prova difficilissima: la lotta dovrà essere tre contro uno! I primi due avversari, Krookodile e Sableye, danno del filo da torcere a Lycanroc e mettono alla prova la sua pazienza, ma vengono entrambi sconfitti. Interviene allora Tapu Bulu, che dona una Baccacedro a Lycanroc per fargli recuperare energia: ora è pronto per affrontare il Persian di Alola di Augusto! La nuova strategia del Kahuna è far arrabbiare sia Ash sia Lycanroc: ripete che il ragazzo è un Allenatore incapace e che il Pokémon starebbe meglio da solo. Riesce effettivamente a far arrabbiare Lycanroc, mentre Ash cerca in tutti i modi di calmarlo. Infine, Lycanroc colpisce il proprio Allenatore per fargli capire che ha imparato a gestire la propria ira e che deve fidarsi di lui.

Giro delle isole

Ad Alola non esistono Palestre, ma è tradizione che gli Allenatori compiano il giro delle isole. Il rituale è composto di prove che consistono in lottare contro Pokémon molto forti, tra cui alcuni avversari, chiamati dominanti, più grandi del normale e avvolti da un'aura che li rende potentissimi. Le Grandi Prove, invece, prevedono di lottare contro i Kahuna di ogni isola. Al termine di ogni prova, gli Allenatori ricevono un Cristallo Z, strumenti fondamentali per poter usare le mosse Z.

LYCANROC DI ASH

Augusto prova a chiudere la lotta usando la mossa Z Buco Nero del Non Ritorno, mentre Lycanroc contrattacca con Gigamacigno Polverizzante, che tappa il buco nero e fa cadere i detriti su Persian. Approfittando della confusione, Lycanroc lancia un'ultima Rocciarapida che manda KO l'avversario: Ash supera anche la sua terza Grande Prova e ottiene un Lycanrochium Z!

MOMENTO TOP

La nascita del Campione

Lycanroc è l'ultimo Pokémon usato da Ash nella finale tre contro tre della Lega di Alola per il titolo di Campione contro Iridio. L'avversario è un Lycanroc Forma Notte. La lotta è davvero difficile, Iridio sa come tenere a distanza il Lycanroc di Ash: gli blocca la strada con Pietrataglio e ordina Contrattacco se si avvicina troppo. Tuttavia, l'esperienza di Ash gli permette di sfruttare Pietrataglio sul campolotta come base per saltare e raggiungere l'avversario con Rocciarapida. Lo scontro sembra non avere favoriti: Iridio ordina di usare Danzaspada e subito dopo Oltraggio; Ash risponde con Pietrataglio, che rallenta ma non ferma l'avversario. Quando sta per raggiungere l'obiettivo, il Lycanroc di Iridio diventa confuso. Tuttavia, l'avversario di Ash ha già preparato una strategia per questa evenienza: il suo Lycanroc si morde una zampa e ritorna in sé giusto in tempo per assestare un Contrattacco sul Pokémon di Ash prima di venire colpito da Rocciarapida. Entrambi i contendenti sono al limite, la lotta sta volgendo al termine. L'esemplare di Iridio lancia Pietrataglio, quello di Ash risponde prima con Morso e poi con Rocciarapida. Iridio non aspettava altro per usare Contrattacco ma, dopo aver subito il colpo, Ash ordina di… contrattaccare con Contrattacco! Il colpo va a segno e spedisce il Lycanroc di Iridio contro le porte dello stadio. Ash non riesce a crederci: ha vinto la Lega di Alola ed è anche diventato Campione!

L'ultima fatica e l'addio

Lycanroc viene impiegato anche nel successivo match amichevole contro il Professor Kukui. Prende il posto di Torracat per lottare contro Incineroar. Lo scontro è breve: dopo un paio di attacchi andati a segno, Kukui decide di ritirare il proprio Pokémon e sostituirlo con Braviary prima che venga sconfitto. L'incontro inizia bene per Lycanroc, che con Contrattacco rispedisce Frana al mittente. Tuttavia, Braviary non si scompone e usa Cadutalibera, afferrando Lycanroc nonostante venga azzannato con Morso.
I Pokémon salgono fino a 800 metri di quota prima di tuffarsi in una picchiata impressionante, a cui incredibilmente Lycanroc riesce a resistere! Purtroppo, il successivo Troppoforte di Braviary è superefficace e lo manda KO. Lycanroc, però, ha inflitto parecchi danni a Braviary, che finisce per perdere il match successivo contro Rowlet.

Dopo aver vinto la Lega di Alola, Ash decide di tornare a Biancavilla e di lasciare Lycanroc, Rowlet, Incineroar e Melmetal ad aspettarlo a casa del Professor Kukui.

Un Pokémon attento al proprio aspetto

Nonostante sia un Pokémon giocoso che esprime spesso affetto, a Lycanroc è capitato molte volte di perdere le staffe, già da quando era un Rockruff. In particolare, con l'evoluzione è diventato ossessionato dalla pelliccia, che deve essere sempre pulita e in ordine. Inizialmente, quando si sporca perde completamente il controllo, gli occhi diventano rossi come quelli dei Lycanroc Forma Notte e attacca chiunque, amico o nemico. Dopo un intenso allenamento, Ash e Lycanroc imparano a gestire la trasformazione, sfruttandone la maggiore potenza ma restando calmi e lucidi.

Rivalità tra simili

Il Lycanroc di Ash ha sviluppato una forte rivalità con il Lycanroc Forma Notte di Iridio, fin da quando era un Rockruff. Ogni occasione di incontro si trasforma in una lotta, anche se inizialmente il Pokémon di Iridio non ha difficoltà a sconfiggerlo. Tuttavia, riconosce da subito il valore di quel Rockruff aggressivo ed esuberante. La rivalità tra i due culmina nella Lega di Alola dove, al termine della finale, il Lycanroc di Iridio si congratula con quello di Ash, dandogli merito delle sue fatiche.

FORSE NON SAPEVI CHE...

- Lycanroc ha un forte senso dell'olfatto, che viene sfruttato per trovare Pokémon dispersi o la strada di casa.

- I Rockruff normalmente si evolvono in Lycanroc Forma Giorno, se l'evoluzione avviene durante il giorno, o in Lycanroc Forma Notte, se l'evoluzione avviene durante la notte. Nonostante appartengano alla stessa specie di Pokémon, sono molto diversi. Il Lycanroc di Ash, invece, si è evoluto al tramonto: è una rarissima Forma Crepuscolo e ha attributi che sono un mix di entrambe le forme. In particolare, gli occhi verdi si dice che dipendano dal colore del raggio verde emesso dal sole nel momento dell'evoluzione.

LYCANROC

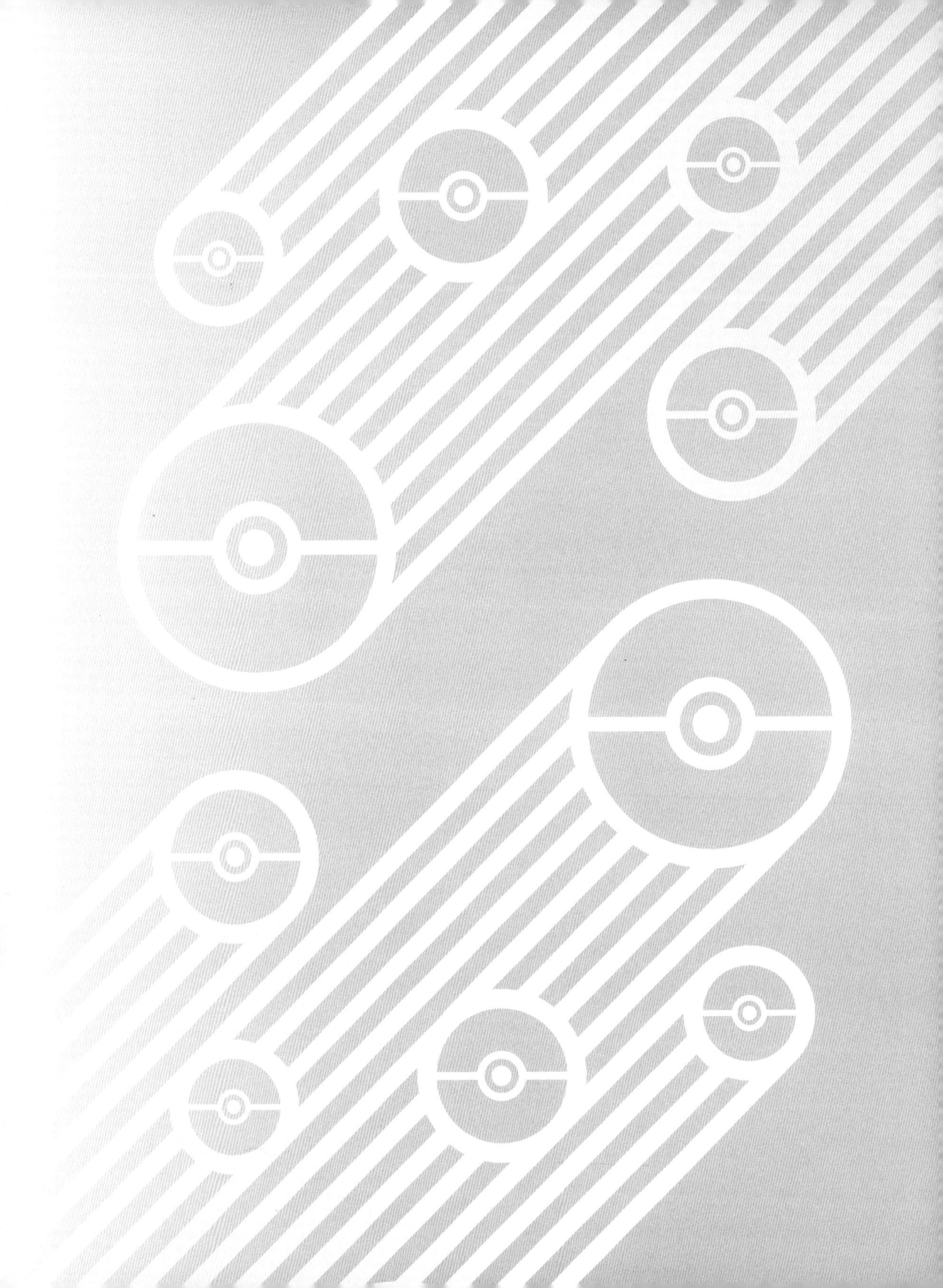

WOBBUFFET DI JESSIE

Evoluzioni

Wobbuffet

Pokémon Pazienza
Pronuncia: Wobbùffet
Tipo: Psico
Regione: Johto
Altezza: 1,3 m
Peso: 28,5 kg

Odia la luce e gli shock. Quando viene attaccato, gonfia il corpo per preparare il contrattacco.

Non si conoscono evoluzioni di questo Pokémon.

Mosse usate

Contrattacco
Wobbuffet viene circondato da un'aura di energia, subisce una mossa fisica e poi colpisce l'avversario con il doppio della forza.

Specchiovelo
Wobbuffet si illumina di azzurro, subisce una mossa speciale e poi colpisce il nemico con il doppio della forza.

WOBBUFFET DI JESSIE

Uno scambio inaspettato

Wobbuffet appartiene a Benny, un ragazzo che l'ha cresciuto con cura ma che poi ha deciso di provare ad allevare un Pokémon differente. Per questo motivo, partecipa alla fiera dei baratti di Pokémon nella città di Palmpona, nella regione di Johto. Anche il Team Rocket si presenta alla fiera, con l'intento però di rapire i Pokémon con uno dei loro macchinari. Dopo vari buchi nell'acqua, finalmente Benny riesce a convincere un Allenatore a scambiare il suo Stantler con Wobbuffet. Tuttavia, il ragazzo che si era messo d'accordo con Benny ci ripensa appena prima di inserire la Poké Ball nella macchina per lo scambio. Proprio in quel momento, a causa di una spinta involontaria di James, Jessie va a sbattere contro la macchina e la Poké Ball del suo Lickitung vi finisce dentro, avviando il fortuito scambio. La ragazza non se ne accorge e riprende la Poké Ball prima di allontanarsi in fretta e furia. Poco dopo, quando Ash scopre il piano del Team Rocket e li affronta con la sua Chikorita per salvare i Pokémon rapiti, Jessie lancia la sua Poké Ball, ma al posto di Lickitung esce… Wobbuffet! A quel punto capisce cosa è successo e sfrutta nella lotta il suo nuovo Pokémon, che con Contrattacco riesce a mandare Chikorita al tappeto. Wobbuffet, però, non è ancora abbastanza forte per sconfiggere Pikachu, che con Fulmine li spedisce tutti in orbita.

Jessie

Jessie fa parte del Team Rocket e forma una squadra con James e Meowth. Con loro, vuole rapire il Pikachu di Ash per regalarlo al capo dell'organizzazione, Giovanni. Ha un carattere irascibile ma, nonostante l'atteggiamento da dura, si preoccupa sempre dei propri Pokémon più che di se stessa. Spesso si traveste per partecipare a competizioni di vario genere, come le Gare o i Varietà Pokémon, o per ingannare gli altri.

MOMENTO TOP

L'eroe del villaggio

Durante il viaggio nella regione di Johto, Jessie, James e Meowth incontrano Lulù, un'abitante del Villaggio dei Wobbuffet, che sorge nei paraggi. La donna si complimenta con Jessie per il suo Wobbuffet e, vedendoli stremati, si offre di ospitarli. Presto il Team Rocket si rende conto che il villaggio in cui si trovano è molto particolare: tutti gli abitanti possiedono un Wobbuffet e proprio quel giorno hanno organizzato una sagra in onore del Pokémon. Nonostante la gentilezza di Lulù, il trio decide di sfruttare l'evento per rubare tutte le provviste di cibo. Però, durante la fuga, scoprono che tre teppisti che erano stati cacciati l'anno prima proprio da Lulù stanno vandalizzando il Villaggio dei Wobbuffet per vendetta. A peggiorare la situazione, durante la sagra dei Wobbuffet vige una regola peculiare: per onorare il fatto che i Pokémon Pazienza non attaccano mai per primi, per tutta la giornata sono vietate lotte nel villaggio! Gli abitanti sono costretti ad assistere inermi alla distruzione della gigantesca statua di Wobbuffett che campeggia al centro della piazza, ma il Team Rocket decide di intervenire: loro sono cattivi, quindi possono ignorare le regole e lottare per salvare il villaggio! L'Arbok di Jessie e il Victreebel di James vengono presto sconfitti dal Machoke, dal Primeape e dall'Hitmonlee degli avversari, allora Jessie schiera il suo Wobbuffet. Con Contrattacco, il Pokémon respinge tutti i colpi dei nemici nonostante siano tre contro uno e li sconfigge. I teppisti sono costretti a scappare a gambe levate dal Villaggio dei Wobbuffet, che è salvo grazie al Team Rocket! A quel punto, i tre cercano di fuggire con le provviste a bordo della loro mongolfiera, ma Ash e i suoi amici bucano il pallone con l'Azione dello Staryu di Misty e infine Pikachu li spedisce in orbita con Fulmine. Nonostante tutto, la sagra dei Wobbuffet può continuare proprio grazie al Pokémon di Jessie!

Scambio Pokémon

Ogni Allenatore alleva e cresce con cura i propri Pokémon, però può capitare che entrambi vogliano fare nuove esperienze. In questi casi può essere effettuato uno scambio di Pokémon con un altro Allenatore tramite un macchinario apposito. Ognuno inserisce la propria Poké Ball al suo interno e poi ritira quella dell'altro, ma attenzione alle sorprese! A volte i Pokémon scambiati tendono a non obbedire ai nuovi Allenatori, mentre in alcune specie lo scambio può persino innescare l'evoluzione!

WOBBUFFET DI JESSIE

Lo scontro con il ladro

Ogni tanto, Wobbuffet è al centro dei piani del Team Rocket per catturare Pikachu. Una volta il trio riesce a rinchiudere con l'inganno il Pokémon Topo in una gabbia indistruttibile e la chiave del lucchetto viene affidata proprio a Wobbuffet. Tuttavia, mentre viene inseguito da Ash il Pokémon Pazienza inciampa e cade in un fiume con la chiave: l'Allenatore e il Team Rocket devono recuperarla per poter aprire la gabbia di Pikachu!
Le disavventure continuano: una volta uscito dal fiume, Wobbuffet precipita giù da un dirupo e finisce sul camion di un ladro di nome Goneff, in fuga dalla polizia. Gli agenti riescono a bloccare la strada al malfattore, che scappa a bordo di una mongolfiera che era nascosta nel camion. L'uomo non si accorge di avere a bordo un passeggero in più: Wobbuffet! Quando lo scopre, Goneff cerca di spingerlo fuori bordo, ma il Pokémon ribalta la situazione con Contrattacco. Nel frattempo il Team Rocket, a bordo della propria mongolfiera, insegue l'altra, in cui ormai è rimasto solo Wobbuffet. Il Pokémon cerca di saltare verso la sua Allenatrice, ma atterra sul pallone, che scoppia lanciandolo così su un motoscafo.
Ash e Jessie riescono a raggiungerlo, tuttavia Wobbuffet rompe timone e acceleratore: l'imbarcazione diventa incontrollabile e l'impatto con un traghetto sbalza nuovamente il Pokémon facendolo atterrare sopra la motocicletta su cui Goneff ha ripreso la propria fuga. Questa volta il ladro decide di usare Wobbuffet come ostaggio e si rinchiude in un edificio abbandonato chiedendo alla polizia un elicottero per la fuga.
Quando il Team Rocket comprende la situazione, decide di costruire un tunnel sotterraneo e propone a Goneff di usarlo come via di fuga in cambio della liberazione di Wobbuffet, ma il ladro rifiuta. Nel mentre arriva Ash, che sfida il Golem di Goneff con Totodile, ma si trova in difficoltà. Per evitare l'Azione del Pokémon di Goneff, Totodile si nasconde dietro a Wobbuffet, che usa Contrattacco mandando KO l'avversario e spedendolo fuori dall'edificio insieme al suo Allenatore. Finalmente la polizia arresta Goneff, ma il Team Rocket non perde tempo e fugge con la tanto agognata chiave. Ash riesce però a recuperarla e a liberare Pikachu, che spedisce in orbita i cattivi con Fulmine. Nonostante le intenzioni malvagie del Team Rocket, il loro piano ha comunque portato alla cattura del temibile ladro Goneff!

Un Pokémon appariscente

Nel trio composto da Jessie, James e Meowth, Wobbuffet è un Pokémon iconico. Esce spesso dalla propria Poké Ball anche se non interpellato e alla fine del motto dei tre interviene sempre. Nonostante sia molto goffo, spesso difende e salva la sua Allenatrice usando autonomamente Contrattacco o Specchiovelo. Anche per il Team Rocket Wobbuffet è molto importante, e per questo costruisce dei robot e persino una variante di mongolfiera a sua immagine e somiglianza!

È un addio?

Nella regione di Kalos, dopo l'ennesimo tentativo di catturare Pikachu, i membri del Team Rocket finiscono separati nella confusione della sconfitta. Jessie e Wobbuffet, rimasti soli, incontrano un Gloom che con Paralizzante li fa cadere dentro un fiume in cui vengono poi ritrovati da Salvo, un medico di un villaggio nei paraggi. Il ragazzo e i suoi Pokémon, una Wobbuffet con tre Wynaut, la forma evolutiva precedente, curano e accudiscono Jessie e Wobbuffet per riportarli in forze. Per sdebitarsi, i due decidono di aiutare il medico nel suo giro di visite nel villaggio: Wobbuffet dirige uno Skiddo molto irrequieto verso Jessie, che riesce a bloccarlo per le corna e a calmarlo. La vita è così tranquilla e serena che la ragazza e il suo Pokémon pensano di lasciare il Team Rocket per rimanere insieme a Salvo. Tuttavia, quando Jessie scopre che Meowth e la sua Pumpkaboo sono stati catturati da un Cacciatore di Pokémon, non esita un istante a correre in loro soccorso, lasciando Wobbuffet insieme alla sua nuova famiglia. Il Pokémon però le disobbedisce, saluta la Wobbuffet e i Wynaut e arriva giusto in tempo per salvare il Team Rocket grazie al suo Contrattacco sul Devastomasso del Rhyperior del Cacciatore. Wobbuffet sfrutta ancora Contrattacco per respingere Furia: il Pokémon Trapano viene sconfitto e l'Agente Jenny arresta finalmente il malvagio bracconiere.

Le esibizioni nei Varietà Pokémon

Jessie si affida a Wobbuffet per affrontare il Varietà Pokémon di Categoria Esordienti che si svolge a Ponte Mosaico. Nella Performance a Tema deve cucinare dei Pokébignè e Wobbuffet la aiuta a setacciare la farina, che Meowth impasta dopo aver aggiunto del latte. Jessie conclude la creazione con un po' di glassa e delle decorazioni sminuzzate dalle Sfuriate di Meowth. In questo modo, Jessie supera la prima parte del Varietà Pokémon e accede all'Esibizione Libera, dove schiera Gourgeist e Wobbuffet. Il Pokémon Zucca usa Semebomba per far crescere sul palco delle piante che spingano in alto la ragazza. Wobbuffet segue con Contrattacco, che fa rimbalzare Jessie ancora più su: la Performer ordina quindi a Gourgeist di usare Palla Ombra, che poi Wobbuffet respinge con Specchiovelo per centrare un nuovo Semebomba e creare dei fuochi d'artificio. L'esibizione entusiasma moltissimo il pubblico, che la vota facendo vincere a Jessie la sua prima Chiave della Principessa!

La Lega Pokémon

Nella regione di Alola Wobbuffet, oltre a supportare il Team Rocket nei vari piani, aiuta anche Jessie nella vendita di dolci tipici locali, le malasade, l'attività di copertura scelta dal trio per raccogliere fondi per nuovi gadget e robot. Quando inizia la Lega di Alola allo Stadio Manalo, i tre spostano lì il furgone per servire il numeroso pubblico che assiste agli scontri. Il giorno della cerimonia di apertura, tuttavia, non sono presenti solo i fan delle lotte Pokémon, ma anche il Team Skull, che vuole rovinare la competizione. Tre teppisti della banda con i loro Drowzee, Rattata di Alola e Spinarak attaccano proprio il camioncino di ciambelle, ma Wobbuffet e la Mareanie di James li sconfiggono, riportando la tranquillità.

Jessie e James si qualificano nella Battle Royale dei preliminari della Lega Pokémon di Alola e scoprono che dovranno affrontarsi nel primo round. Poiché Jessie è molto più determinata di James, il ragazzo inizialmente vuole perdere di proposito con la propria Mareanie così da favorire l'amica. Lo scontro vede Wobbuffet rispondere con Specchiovelo e Contrattacco alle mosse di Mareanie, ma nessuno dei due riesce ad avere la meglio. James quindi cerca di spiegare al proprio Pokémon la situazione, ma si fa coinvolgere dallo spirito combattivo di Mareanie e ordina uno Sparalance talmente potente da superare il Contrattacco di Wobbuffet, mandandolo KO. Il sogno di Jessie di vincere la Lega Pokémon di Alola si infrange, ma è comunque contenta che l'amico sia arrivato agli ottavi di finale!

Guzman e il Team Skull

Il Team Skull è un gruppo di teppisti che porta scompiglio nella regione di Alola. Il loro capo, Guzman, è un Allenatore che ha affrontato il giro delle isole insieme a Kukui, ma ha abbandonato la competizione perché odia le regole. Cova molto risentimento nei confronti del Professore e, quando scopre che questi vuole creare una Lega Pokémon ad Alola, si prefigge di far naufragare il progetto a ogni costo. Lottando contro Ash riconosce che quella che considerava forza era in realtà codardia: ha sempre affrontato solo avversari deboli per paura di perdere. Prendendo coscienza dei propri limiti inizia a comportarsi meglio, influenzando anche i suoi sottoposti.

FORSE NON SAPEVI CHE...

- Wobbuffet è il primo Pokémon scambiato a restare nella squadra di un personaggio principale della serie animata.

- Wobbuffet è il Pokémon di Jessie e del trio del Team Rocket che ha visitato più regioni: ha infatti accompagnato Jessie a Johto, Hoenn, Kanto, Sinnoh, Kalos e Alola.

- Wobbuffet è l'unico Pokémon del Team Rocket ottenuto prima del viaggio a Hoenn che non sia stato ancora liberato.

- Il Wobbuffet di Jessie è un esemplare maschio: si può capire dall'assenza di rossetto sulle labbra tipico delle Wobbuffet femmine.

- Wobbuffet non possiede mosse che gli permettono di attaccare per primo: può solo rispondere alle offensive che subisce, infliggendo il doppio del danno ricevuto.

WOBBUFFET

GARCHOMP DI CAMILLA

Evoluzioni

Garchomp
Pokémon Mach
Pronuncia: Garciòmp
Tipo: Drago-Terra
Regione: Sinnoh
Altezza: 1,9 m
Peso: 95,0 kg

Vive in montagne di origine vulcanica. Caccia le prede solcando i cieli alla velocità di un jet.

Non si conoscono evoluzioni di questo Pokémon.

Mosse usate

Gigaimpatto
Un'aura d'energia rosa e gialla avvolge Garchomp, che colpisce il nemico con la massima potenza.

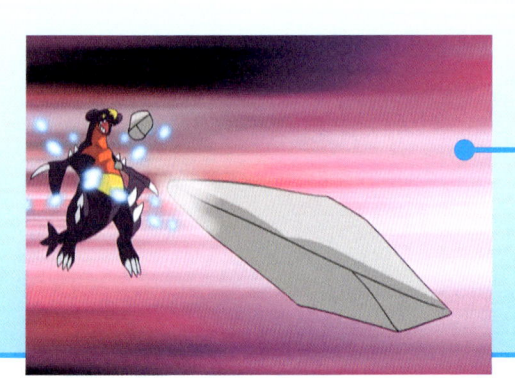

Pietrataglio
Dopo aver fatto comparire attorno a sé due anelli di sassolini azzurri, Garchomp scaglia verso l'avversario delle rocce gigantesche.

GARCHOMP DI CAMILLA

Mosse usate

Dragofuria
Un'onda di energia azzurra avvolge Garchomp, che si lancia verso il nemico con tutta la sua forza.

Fossa
Garchomp scava un buco nel terreno per poi attaccare l'avversario di sorpresa.

Breccia
Le pinne sulle zampe di Garchomp si illuminano di bianco prima di colpire l'obiettivo.

Dragartigli
Gli artigli di Garchomp si illuminano e il Pokémon comincia a menare fendenti rilasciando scintille azzurre.

Dragobolide
Garchomp rilascia una sfera di energia dalla bocca. Prima di ricadere, come un meteorite si divide in vari frammenti che colpiscono l'obiettivo.

Camilla

Camilla è la Campionessa della Lega Pokémon di Sinnoh. Non si tira mai indietro se ci sono feriti da aiutare o una minaccia da respingere. Ha una grande passione per il gelato, anche se spesso non sa quale gusto scegliere!

Una potenza inarrestabile

Ogni Pokémon rispecchia il proprio Allenatore. Non a caso, Camilla è la Campionessa di Sinnoh e la sua Garchomp è un esemplare fortissimo! Lo dimostra fin da subito, sconfiggendo il Bronzong di Luciano, uno dei Superquattro della regione, con un solo Gigaimpatto. Il giorno successivo, desideroso di affrontare avversari forti, Paul sfida Camilla in una Lotta Totale. La Campionessa decide di affidarsi a Garchomp, mentre il ragazzo inizia con Chimchar. Il Pokémon di Paul attacca con Turbofuoco, ma il Pokémon Mach non ne risente e lo sconfigge con Fossa. Paul allora manda in campo Weavile, che usa una Bora superefficace, ma Garchomp se la scrolla di dosso e lo batte con Dragofuria. Neanche Murkrow, che prende il suo posto, riesce a scalfirla, e viene sconfitto con Gigaimpatto. Quindi Paul si affida al suo Pokémon iniziale, Torterra, che comincia immobilizzando l'avversaria con Gigassorbimento, per poi continuare con Radicalbero. Garchomp schiva i colpi come se niente fosse e manda il rivale al tappeto con una sola mossa, Breccia! Non ci sono dubbi: Paul non è ancora pronto ad affrontare una Campionessa e si arrende. Camilla è la vincitrice!

Creare un nuovo universo

Il Team Galassia, comandato da Cyrus, è un'organizzazione criminale volta alla creazione di un nuovo universo attraverso il potere dei Pokémon leggendari. Quando viene sconfitto, Cyrus scompare nel nuovo universo creato con l'energia di Dialga e Palkia!

GARCHOMP DI CAMILLA

MOMENTO TOP

Un nemico da fermare!

A Sinnoh non c'è il solo il Team Rocket a combinare guai, ma esiste un'organizzazione criminale ben più pericolosa: il Team Galassia. Il malvagio gruppo, dopo aver rubato l'Adamasfera, prende di mira anche la Splendisfera, così da poter richiamare i Pokémon leggendari Dialga e Palkia. Per questo attaccano la città di Memoride, dove è conservata la Splendisfera. Con i comandanti Saturno e Martes, il team entra nel Centro Ricerche. Sul luogo accorrono anche Ash, Brock e Lucinda, oltre a Camilla che, con la sua Garchomp, sconfigge velocemente gli avversari. Purtroppo, approfittando della confusione, il Team Galassia riesce comunque a fuggire con la Splendisfera.

Con il potere dei due strumenti e dei Guardiani dei laghi Uxie, Mesprit e Azelf, i cattivi si preparano a evocare Dialga e Palkia sulla Vetta Lancia, così da poter creare un nuovo universo. Camilla arriva sul posto, usa Garchomp per sconfiggere lo Skuntank della comandante Giovia e la cattura. A quel punto si unisce al gruppo di Ash, si intrufola nella Vetta Lancia e affronta il Team Galassia. Cyrus, il capo dell'organizzazione, però ha già evocato Dialga e Palkia, sfruttando la Rossocatena creata con il potere dei Guardiani dei laghi. Fortunatamente, i ragazzi riescono a liberare Uxie, Mesprit e Azelf sventando i piani dei cattivi: Garchomp dimostra nuovamente la sua potenza e usa Dragobolide per spezzare la Rossocatena. Con i due Draghi liberi, la regione di Sinnoh è salva!

Dialga e Palkia

Dialga e Palkia sono due Pokémon leggendari della regione di Sinnoh. Hanno il potere di controllare rispettivamente il tempo e lo spazio, e per questo finiscono nelle mire di Cyrus e del Team Galassia.

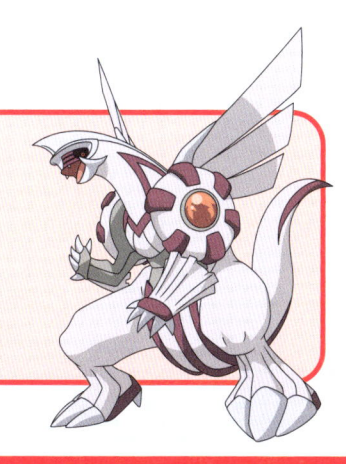

Un incontro a sorpresa

Durante il viaggio a Unima con i nuovi compagni Iris e Spighetto, Ash incontra casualmente la sua vecchia amica Camilla. La Campionessa spiega che si trova nella regione per partecipare come ospite alla Coppa Junior del Pokémon World Tournament e i ragazzi decidono così di iscriversi alla competizione. Camilla li accompagna alla sua villa di Spiraria, dove Iris le chiede di affrontarla in una lotta d'allenamento. Il match vede in campo l'Axew della ragazza contro la Garchomp di Camilla. Axew inizia con Graffio e Ira di Drago, che però non sortiscono alcun effetto. Il Pokémon Mach risponde prima con Dragofuria e poi con Dragobolide, infliggendo gravi danni all'avversario. Ma, a sorpresa, Axew si rialza e impara Gigaimpatto. Garchomp incassa il colpo e sta per ribattere con una Breccia fatale quando Camilla la ferma e sospende l'incontro. Si congratula quindi con Iris e Axew per le loro abilità.

Un Pokémon inarrestabile

Garchomp e Camilla sono molto legate e si fidano ciecamente l'una dell'altra. Garchomp è resistente e incassa gli attacchi avversari senza battere ciglio. È talmente potente da riuscire spesso a sconfiggere i nemici con un colpo solo!

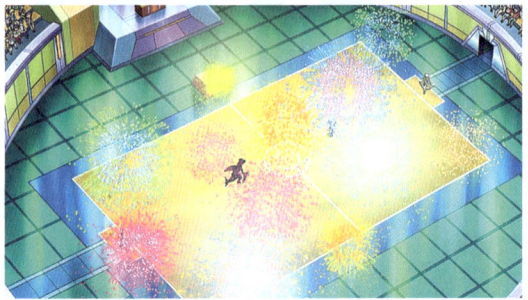

Un torneo speciale

La Coppa Junior del Pokémon World Tournament sta per cominciare con una cerimonia d'apertura d'eccezione: un match d'esibizione tra potenti Allenatori! Camilla è l'ospite d'onore assieme a Catlina, una dei Superquattro di Unima. Le ragazze si affrontano con i loro Garchomp e Gothitelle in un match da dieci minuti. Il Pokémon di Catlina confonde l'avversaria con Adulazione, poi la solleva in aria con Psichico prima di lanciarla contro pareti, soffitto e terreno. Garchomp torna in sé e colpisce Gothitelle con Dragofuria. I due Pokémon si scontrano con Dragobolide e Fulmine, creando un'esplosione di fuochi artificiali. Poco prima di colpirsi di nuovo, il tempo scade. Nessuno è andato KO, così la lotta finisce in pareggio!

FORSE NON SAPEVI CHE...

- Anche se non è un tipo Volante, Garchomp è in grado di volare.

- È un Pokémon molto amichevole e trasporta spesso i suoi amici sulla schiena.

- Garchomp non ha mai perso un incontro.

- Nonostante Camilla abbia anche Gastrodon e Glaceon, Garchomp è il Pokémon che usa più di frequente nelle lotte.

GARCHOMP

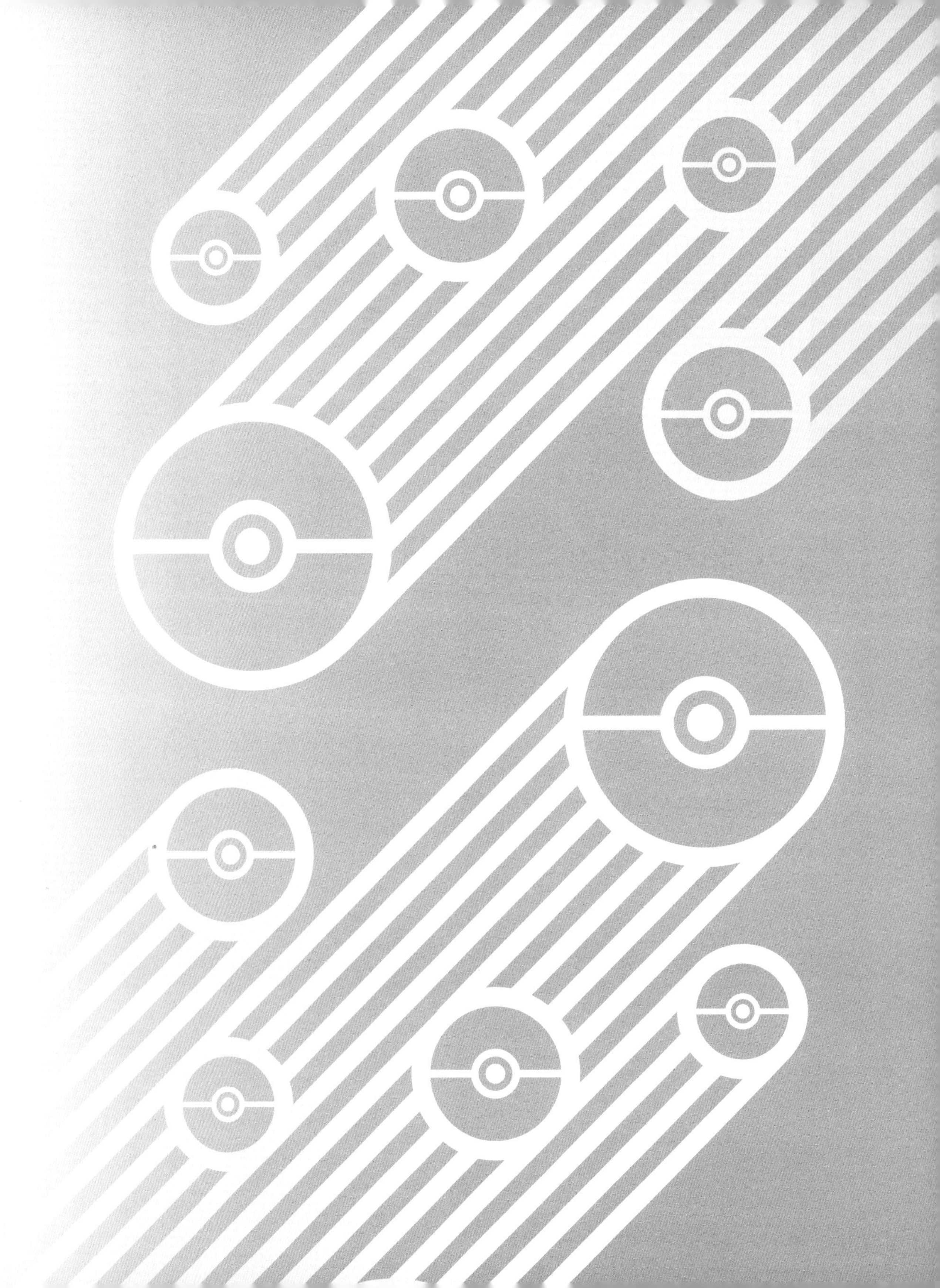

POKÉDEX ROTOM

Evoluzioni

Se si impossessa di un forno a microonde diventa

Rotom Calore
Tipo: Elettro-Fuoco

In questa forma si diverte a carbonizzare i vestiti preferiti di qualche malcapitato o combina altre malefatte usando il fuoco.

Se si impossessa di una lavatrice diventa

Rotom Lavaggio
Tipo: Elettro-Acqua

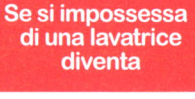

In questa forma si diverte a inondare stanze o combina qualche altra malefatta usando l'acqua.

Rotom (Forma Rotom)
Pokémon Plasma
Pronuncia: Ròtom
Tipo: Elettro-Spettro
Regione: Alola
Altezza: 0,3 kg
Peso: 95,0 kg

Si intrufola in diversi apparecchi con il suo corpo composto di plasma. Gli piace tanto sorprendere le persone.

Se si impossessa di un frigorifero diventa

Rotom Gelo
Tipo: Elettro-Ghiaccio

In questa forma si diverte a congelare l'acqua nella vasca da bagno o combina altre malefatte usando l'aria gelida.

Pokédex Rotom
Tipo: Elettro

Se si impossessa di una falciatrice diventa

Rotom Taglio
Tipo: Elettro-Erba

È entrato in un tagliaerba azionato da un motore speciale. Sparge dappertutto l'erba tagliata.

Se si impossessa di un ventilatore diventa

Rotom Vortice
Tipo: Elettro-Volante

In questa forma si diverte a sparpagliare i documenti importanti o combina qualche altra malefatta usando il vento.

POKÉDEX ROTOM

Mosse usate

Bora
Rotom Gelo spalanca le porte del frigorifero, da cui esce dell'aria gelida capace di congelare chi gli sta davanti.

Idropompa
Rotom Lavaggio emette un potente getto d'acqua dalla pompa della lavatrice.

Mossa improvvisata

Bollaraggio di lacrime
Rotom è disperato perché non riesce a farsi comprendere da Ash e inizia a "piangere" bolle di sapone dall'oblò della lavatrice. Purtroppo il ragazzo continua a non capire e scambia il pianto per un Bollaraggio…

Rotom

Rotom è un Pokémon particolare che ama prendere possesso di vari oggetti e approfittarne per fare scherzi. Ogni volta che cambia forma acquisisce caratteristiche differenti, modificando il proprio tipo e le mosse che può utilizzare. Se un elettrodomestico inizia a comportarsi in modo strano forse è perché un Rotom ci si è nascosto dentro!

L'avvio del Pokédex

Quando Ash Ketchum si trasferisce a casa del Professor Kukui, l'uomo decide di donargli un Pokédex molto speciale. Per funzionare, infatti, ha bisogno che vi sia un Rotom al suo interno. Grazie a uno speciale programma informatico, il Professore attira un esemplare di Pokémon Plasma, che attiva il dispositivo e inizia a riconoscere Ash come utente. Pokédex Rotom fa conoscenza con il ragazzo e il Professore e inizia a fare foto ai Pokémon per registrarli. Il Pokédex è anche in grado di immagazzinare nuove informazioni e di aggiornare quelle che già possiede. A un certo punto, per esempio, prova a tirare la coda di Pikachu e in cambio riceve un Fulmine invece del morso che si aspettava. Così procede alla modifica della descrizione del Pokémon Topo. In seguito, conosce i compagni di classe di Ash alla Scuola di Pokémon ma è intimorito da Chrys, che vorrebbe analizzarlo per scoprire come è stato programmato. Incontra anche il Preside Oak, di cui inizialmente non comprende i giochi di parole ma, dopo una breve spiegazione, comincia a rispondergli a tono! Fatte tutte le presentazioni, Rotom è pronto ad accompagnare Ash ovunque e a fornirgli supporto descrivendo Pokémon o dando consigli.

Da Pokédex Rotom a... Detective Rotom?!

Rotom è un grande fan di Detective Laki, l'investigatore protagonista di una popolare serie TV. Ha persino fatto comprare al Professor Kukui una parrucca e altri accessori per poterlo impersonare mentre guarda gli episodi. Un giorno, alla Scuola di Pokémon, Ash è disperato perché non trova il suo Electrium Z, così Rotom decide di occuparsi del "caso" diventando "Rotom, il detective di Alola". Inizia a investigare nella scuola insieme a Pikachu, facendo domande. La pista lo porta alla sede di TV Alola, dove chiede di visionare le registrazioni fatte il giorno prima alla Scuola di Pokémon. Tornato in classe, rivela che il colpevole è... Kawe! Ha approfittato di una stretta di mano per rubare il Cristallo Z ad Ash senza che lui se ne accorgesse. Questa soluzione però non sembra convincere gli altri, così Lylia chiede a Rotom di mostrare interamente il filmato e si vede Ash infilare l'Electrium Z in tasca. A questo punto, il giovane si ricorda di aver messo il Cristallo Z sulla scrivania la sera precedente prima di addormentarsi, così Pikachu cerca nella parrucca di Rotom e trova... l'Electrium Z! Era rimasto incastrato tra le ciocche quando Rotom se l'era tolta poggiandola sulla scrivania. Quindi se l'era portato in giro tutto il tempo! La prima indagine di Rotom non è andata benissimo e Kawe si è molto arrabbiato per essere stato accusato ingiustamente...

Laki

Laki è un attore popolare ad Alola per la serie TV *Detective Laki*, in cui interpreta il protagonista, un investigatore incaricato di risolvere crimini. Il suo motto è: «Nessuno può ingannare la verità di Alola, non c'è caso che non abbia risolto, parola di Laki, il Detective di Alola!». Tra i numerosissimi fan della serie, andata avanti per ben cinque stagioni, ci sono sia umani sia Pokémon!

Pokédex

Il Pokédex è uno strumento fondamentale per ogni Allenatore. Consente di ottenere informazioni su qualunque Pokémon, selvatico e non. Generalmente viene affidato dai Professori Pokémon ai neo Allenatori all'inizio del loro viaggio e il modello cambia in ogni regione. Esistono anche dei modelli particolari, come per esempio i Pokédex Rotom, che funzionano solo se contengono un Rotom.

MOMENTO TOP

Trasformazioni indesiderate!

Rotom rimane a casa di Kukui insieme ai Pokémon di Ash quando consegnano una lavatrice. Dopo il ritiro i Pokémon iniziano a litigare finché Pikachu non usa Fulmine, facendo uscire un Rotom dal Pokédex e un altro… dalla lavatrice!
I due si scambiano di posto involontariamente e, quando il Rotom si riprende, capisce di essere diventato un Rotom Lavaggio. Se possibile, la situazione peggiora quando la lavatrice viene trasportata al Centro Pokémon di Hau'oli. L'Infermiera Joy cerca di usarlo come elettrodomestico, ma viene investita da un getto di sapone. Rotom allora scappa attraverso la rete elettrica per tornare da Ash, tuttavia finisce in un ventilatore con cui stanno giocando Sabrina e Giada, le sorelline gemelle di Suiren. Quando le bambine iniziano a strattonarlo, il Pokémon si dà nuovamente alla fuga.
Tornato a casa di Kukui, Rotom si ritrova prigioniero della televisione: decide allora di cercare Ash in città, muovendosi di lampione in lampione.
Riprende la ricerca entrando in un tagliaerba nella villa di Lylia, ma viene scacciato dal maggiordomo Ambrogio e dal suo Oricorio. Quindi è il turno della cucina di Aina, dove si trasforma in Rotom Calore e spaventa Ibis, Steenee e Kawe, prima di essere colpito dal Marowak di quest'ultimo. Infine, arriva a casa di Chrys, entra nel suo frigorifero e diventa Rotom Gelo. Cerca di farsi notare dal ragazzo, ma inavvertitamente lo congela usando Bora!
Perse le speranze di ritrovare il suo Pokédex, Rotom torna nella lavatrice del Centro Pokémon, dove a sorpresa arriva Ash con il dispositivo tanto desiderato. Rotom cerca subito di attirare l'attenzione dell'Allenatore usando Idropompa, ma in tutta risposta riceve un'Energisfera da Pikachu. Disperato, Rotom scoppia a piangere così forte da riempire la stanza di bolle di sapone. Ash ordina a Pikachu di usare Fulmine e con quella mossa i due Rotom tornano nei propri apparecchi originari! Sembra che tutto sia risolto, quand'ecco che Ash scivola sul sapone e cade su Pikachu, che a sua volta colpisce di nuovo il Pokédex Rotom con Fulmine, facendolo uscire e diventare Forma… Centro Pokémon!?

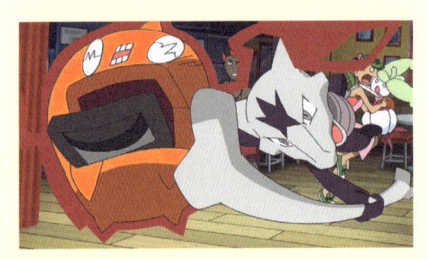

POKÉDEX ROTOM

Un Pokédex in costante aggiornamento

Rotom ha la capacità di espandere le proprie abilità a seconda del bisogno. Ottiene per esempio la funzione videocamera Pokédex Rotom per poter acquisire, analizzare e registrare dei filmati. Scatta molto spesso foto ai Pokémon per migliorare le proprie conoscenze. Inoltre, può aggiungere voci di forme e Pokémon di recente scoperta. Sfrutta questa possibilità soprattutto quando entra a far parte della squadra degli Ultraprotettori: a ogni missione, infatti, acquisisce nuove informazioni sulle Ultracreature dalla Fondazione Æther e le comunica agli altri membri della squadra.

Le strade si dividono?

Un giorno Rotom riesce a visitare il set di *Detective Laki* insieme ad Ash. Durante le registrazioni interrompe l'attore per correggere la citazione di un precedente caso a suo dire errata. La produzione ferma le riprese per controllare…ed effettivamente Rotom ha ragione! Colpito dalla sua conoscenza della serie, il produttore George Carino decide così che Rotom sarà il partner di Laki nella quinta stagione!

Pokédex Rotom è entusiasta e orgoglioso della notizia, ma Ash si arrabbia molto non appena scopre che le nuove registrazioni si terranno all'estero. I due litigano, ma Rotom ribadisce che è un Pokémon libero e Ash non può ordinargli cosa fare. Il ragazzo allora cerca di catturarlo, ma il Pokémon rispedisce al mittente la Poké Ball e se ne va. Rotom inizia le riprese e, per conoscere meglio il suo collega, va a casa di Laki. Lì si rende conto che il suo vero sogno non è girare film, ma diventare il miglior Pokédex dell'universo! Così, quando il mattino dopo Ash si presenta sul set per scusarsi e sostenere Rotom, il Pokémon gli rivela che ha rifiutato l'offerta e che rimarrà con lui per realizzare il suo obiettivo. Tutto è bene quel che finisce bene!

Alla fine della permanenza di Ash ad Alola, Rotom riceve un'altra offerta. Samina gli propone di lavorare con la Fondazione Æther sfruttando le sue capacità per scoprire tutti i segreti delle Ultracreature e diventare il miglior Pokédex dell'universo. Ash lo incoraggia ad accettare e così Rotom rimane ad Alola. Infine, insieme a tutti i compagni di classe insegue l'aereo su cui si trova Ash per salutare il ragazzo, che sta tornando a Kanto.

FORSE NON SAPEVI CHE...

- Il Rotom che viaggia con Ash è stato il primo a prendere possesso di un Centro Pokémon nella serie animata.

- Pokédex Rotom esprime le proprie emozioni tramite faccine e sfondi che mostra sul suo schermo.

- Pokédex Rotom non ha mai partecipato a una lotta Pokémon.

- Pokédex Rotom ha visto tutti i Pokémon nativi di Alola, a eccezione di Toxapex e del Pokémon misterioso Zeraora. A Kanto, ha registrato ogni Pokémon della regione, sempre a eccezione di un altro Pokémon misterioso, Mew.

- Rotom può parlare il linguaggio umano solo quando è all'interno del Pokédex.

- Nonostante abbia viaggiato a lungo con Ash, non è mai stato catturato né da lui né da nessun altro, quindi è da considerarsi un Pokémon selvatico.

POKÉDEX ROTOM

SYLVEON DI SERENA

Evoluzioni

Eevee
Pokémon Evoluzione
Pronuncia: Ìvi
Tipo: Normale
Regione: Kalos
Altezza: 0,3 m
Peso: 6,5 kg

Ha la capacità di alterare la propria struttura corporea per adattarsi all'ambiente circostante.

Si evolve in *Festa danzante con sorpresa!*

Sylveon
Pokémon Legame
Pronuncia: Sìlveon
Tipo: Folletto
Regione: Kalos
Altezza: 1,0 m
Peso: 23,5 kg

Fa cessare le lotte grazie alle antenne simili a fiocchetti, che emettono onde in grado di placare le ostilità.

SYLVEON DI SERENA

Mosse usate

Protezione
Eevee crea una barriera verde davanti a sé per proteggersi.

Doppioteam
Eevee crea tante copie di sé per confondere l'avversario.

Comete
Sylveon sprigiona delle stelle dorate che colpiscono il bersaglio.

Vento di Fata
Sylveon emette dalle antenne un vento rosa che investe l'obiettivo.

Un Pokémon danzante

Ash, Serena e gli altri si dirigono verso una nuova tappa del loro viaggio a Kalos: Fluxopoli, dove Ash vuole vincere la settima Medaglia e Serena conquistare la seconda Chiave della Principessa. Nel tragitto, il gruppo si ferma in un prato per fare merenda. Serena e Clem notano una Eevee che danza su una roccia poco distante, ma quando il Pokémon si accorge di loro si spaventa e scappa. Serena decide però che vuole rivedere quell'Eevee, così la cerca nella foresta. Non riuscendo a trovarla, la ragazza escogita un piano: per attirare l'attenzione di Eevee, mette in scena un'Esibizione Libera con i suoi Pokémon nella radura in cui l'ha vista per la prima volta. La sua strategia ha successo, ma arriva il Team Rocket a rovinare tutto catturando Eevee in una rete elettrificata. È proprio Serena, con i suoi Braixen e Pancham, a liberarla e a sbarrare la strada ai cattivi per farla scappare, esponendosi agli attacchi della Gourgeist di Jessie. Tuttavia, il Pokémon Evoluzione rimane colpito dal gesto della ragazza e interviene con Protezione per difenderla, dopodiché contrattacca con Comete, prima che Pikachu spedisca il trio in orbita. Conquistata la fiducia di Eevee, Serena le propone di unirsi alla sua squadra e lei accetta: ora la giovane ha un nuovo asso nella manica per vincere i Varietà Pokémon!

Serena

Serena è un'amica d'infanzia di Ash: ha infatti conosciuto l'Allenatore al Campo Estivo Pokémon del Professor Oak di Biancavilla. Quando diversi anni dopo lo rivede in televisione, intento a salvare una Garchomp in cima alla Torre Prisma, prova il desiderio di ritrovarlo e parte per il suo viaggio da Allenatrice. Inizialmente non ha uno scopo ben preciso, ma quando l'amica Shana le spiega cosa sono i Varietà Pokémon, decide di parteciparvi e di conquistare il titolo di Regina di Kalos.

SYLVEON DI SERENA

Il debutto nei Varietà

Per l'Esibizione Libera al Varietà Pokémon di Fluxopoli, Serena si ispira alla danza di Eevee, che nel mentre la osserva dagli spalti per la prima volta. In questo modo, ottiene la vittoria e la seconda Chiave della Principessa! Il Pokémon Evoluzione debutta nella competizione di Ponte Mosaico insieme a Braixen. Eevee è davvero nervosa e dopo la Performance a Tema non riesce a mangiare quasi nulla. All'inizio dell'Esibizione Libera è ancora tesa ma, dopo l'incoraggiamento della sua Allenatrice, si rilassa e prima le salta in braccio, poi balla su di lei mentre il fuoco del Lanciafiamme di Braixen le circonda. Corre quindi dentro al cerchio di un secondo Lanciafiamme, salta in aria per risplendere nella luce lunare e atterra con una sola zampa sul bastoncino di Braixen. Sfortunatamente commette l'errore di guardare il pubblico esultante, così si impaurisce e cade a terra. Serena, tuttavia, la rassicura: prima che l'esibizione termini con una Fuocobomba, Eevee si rialza e termina la sua performance balzando avanti e indietro proprio come il bastoncino infuocato che la ragazza e Braixen si lanciano, pur non sfiorandolo. Nonostante il gruppo abbia superato brillantemente la piccola distrazione di Eevee, il pubblico vota comunque a favore di Jessie, travestita da Jessilee, che vince la sua prima Chiave della Principessa.
Eevee e Serena però non si abbattono: il tentativo successivo sarà quello buono per qualificarsi alla Categoria Professionisti!

Grazia e timidezza

Sylveon è un Pokémon che ama danzare e che anche quando lotta esegue sempre movimenti aggraziati. Tuttavia, ha molta paura degli estranei: la folla la mette a disagio e questo la porta addirittura a fuggire durante un Varietà a cui sta assistendo. Quando Serena si dimostra disposta a saltare l'esibizione pur di assicurarsi che stia bene, Eevee prende coraggio e torna dalla propria Allenatrice. Dopo l'evoluzione in Sylveon, supera buona parte delle sue timidezze e diventa ancora più aggraziata!

Il ballo e l'evoluzione

Il gruppo si dirige a Fractalopoli per l'ultima Medaglia di Ash e in un Centro Pokémon lungo il tragitto Serena riceve un invito a una festa danzante da parte di Monsieur Pierre, il presentatore dei Varietà Pokémon. La ragazza chiede a Eevee di partecipare insieme a lei e, dopo un'iniziale riluttanza, il Pokémon acconsente a fare da partner al Bunnelby di Lem. Dopo un primo ballo di coppia, Monsieur Pierre chiede ai suoi ospiti di cambiare partner per le danze successive. Eevee supera la sua timidezza e continua a divertirsi anche con altri Pokémon. Tuttavia, improvvisamente la musica si ferma: Monsieur Pierre ha organizzato una Lotta Multipla a sorpresa tra partecipanti estratti a sorte! La coppia formata da Serena e Ash deve affrontare Meringa, un'altra Performer, e James, che si trova lì come accompagnatore di Jessie, che è sotto mentite spoglie. Dopo un buon inizio per il Pikachu di Ash e l'Eevee di Serena, la strategia di Meringa mette in difficoltà la coppia: la Performer ordina alla sua Slurpuff di usare Cottonspora per bloccare gli sfidanti, mentre James chiede al suo Inkay di colpire entrambi i Pokémon avversari con Psicoraggio. Pikachu protegge Eevee, ma è troppo debole per rialzarsi, quindi il Pokémon Evoluzione tenta un contrattacco e viene colpita nuovamente da Psicoraggio. Serena allora la incita a non arrendersi ed Eevee reagisce evolvendosi in Sylveon! Con la sua nuova potenza, riesce a respingere i nemici e a evitare i loro colpi prima di finirli con una nuova mossa appena imparata: Vento di Fata. Alla fine della festa, Monsieur Pierre annuncia che di lì a poco si terrà il Varietà di Fioritopoli: Sylveon e Serena non potrebbero essere più pronte!

Varietà Pokémon

Un Varietà Pokémon è una competizione che si tiene nella regione di Kalos a cui possono partecipare solo ragazze. Nei Varietà di Categoria Esordienti le Performer Pokémon gareggiano in una Performance a Tema in cui devono affrontare vari tipi di attività come cucinare Pokébignè o rispondere a un quiz, e un'Esibizione Libera, in cui eseguono con i loro Pokémon delle coreografie volte a impressionare il pubblico. La vincitrice di un Varietà ottiene una Chiave della Principessa in premio, e una volta ottenute tre Chiavi è possibile partecipare al Varietà di Categoria Professionisti, al termine del quale si sfida la Regina di Kalos per conquistarne il titolo.

SYLVEON DI SERENA

MOMENTO TOP

L'ultima Chiave

Sylveon partecipa all'Esibizione Libera del Varietà di Fioritopoli con Braixen e Pancham. La performance inizia con il Lanciafiamme di Braixen, che crea un cerchio infuocato intorno all'Allenatrice e ai Pokémon danzanti. Con Vento di Fata, Sylveon solleva le fiamme fino a creare un turbine, quindi con le sue antenne fornisce un appoggio a Pancham per saltare e usare Pietrataglio, che spegne il fuoco. Rispetto al suo debutto, Sylveon è molto meno tesa e riesce a divertirsi appieno! I Pokémon continuano a danzare, mentre lei salta dentro ai cerchi di fuoco, fino al gran finale: Sylveon e Braixen sfruttano le rocce create da Pancham con Pietrataglio come base d'appoggio per saltare, quindi usano rispettivamente Fuocobomba e Comete, che si uniscono creando un'enorme stella infuocata. L'esibizione della Performer entusiasma il pubblico, che la acclama più di Amelia, star della città e favorita. Finalmente Serena ottiene la terza Chiave della Principessa e può partecipare al Varietà di Categoria Professionisti che si terrà a Gloriopoli! Tuttavia, fuori dal teatro l'amica di Ash incontra per caso la famosa producer Paloma, che le chiede se è soddisfatta della sua performance. Serena osserva i suoi Pokémon e risponde che si sono divertiti, ma la donna non sembra convinta e afferma che la ragazza non ha ancora ciò che serve per vincere il titolo contro Aria, la Regina di Kalos in carica.

La Categoria Professionisti

Serena sceglie Sylveon e Pancham per partecipare alle semifinali del Varietà di Categoria Professionisti di Gloriopoli. Le sue sfidanti sono Jessilee e Shana, che realizzano una buona esibizione, ma Serena si spinge oltre con una performance davvero elaborata. Tuttavia, nel momento in cui la Performer deve atterrare su una sola mano sostenuta dal Vento di Fata di Sylveon, il polso le cede e rischia di cadere! Fortunatamente, il Pokémon lo nota e utilizza le sue antenne per afferrarla e farle fare una capriola senza che il pubblico si accorga dell'imprevisto. Con la sua esibizione, Serena raccoglie più voti e accede alla finale per il titolo di Regina di Kalos contro Aria!

Nell'ultima Esibizione Libera, Serena può usare tutti e tre i suoi Pokémon. La performance inizia con lo scontro del Lanciafiamme di Braixen e il Neropulsar di Pancham, a cui si unisce il Comete di Sylveon per creare una coreografia luminosissima. Poi la Performer ordina a Braixen di usare il suo rametto per creare intorno a loro un cerchio infuocato, in seguito spento dal Pietrataglio di Pancham. Sylveon sfrutta la mossa del compagno per spiccare un balzo e, con Vento di Fata, sollevare tutti quanti. In aria Neropulsar si scontra con Comete e Fuocobomba creando un fiore nel cui centro Serena e i suoi Pokémon continuano a danzare. Sfortunatamente, la loro esibizione non è sufficiente a superare quella di Aria, che conserva il proprio titolo.

Un futuro roseo

Dopo la sconfitta di Serena, Paloma la passa a trovare in camerino: la ragazza ha compreso quali sono i suoi limiti e sa che per poter superare Aria deve riuscire a dare lei qualcosa agli altri, mentre finora ha solo ricevuto supporto e incoraggiamenti dai propri Pokémon. Paloma è molto contenta della crescita della Performer e si offre di seguirla negli allenamenti per diventare finalmente Regina di Kalos. Nonostante il grande onore, Serena rifiuta perché vuole terminare il proprio viaggio insieme ad Ash. La producer allora le lascia il suo biglietto da visita e le chiede di contattarla quando avrà deciso cosa fare. Dopo aver partecipato con Sylveon alla distruzione della Roccia Gigante e salvato così la regione di Kalos, Serena organizza a Luminopoli un Varietà Pokémon improvvisato per tirare su il morale della popolazione dopo i numerosi attacchi che hanno devastato gli edifici cittadini. All'evento partecipano anche Shana e Jessie, riproponendo una sorta di rivincita della semifinale del Varietà di Categoria Professionisti. Insieme, rasserenano gli abitanti con una bella performance che si conclude con lo scontro tra la Forza Lunare della Flabébé di Shana, il Comete di Sylveon e la Semebomba della Gourgeist di Jessie. Serena si rende conto che le sue esibizioni possono dare molta gioia agli altri, quindi chiama Paloma e la informa di voler viaggiare in altre regioni per migliorarsi. La producer le consiglia di andare a Hoenn per farsi ispirare dalle Gare Pokémon. La ragazza segue il suo consiglio e parte alla volta della regione con i suoi fidati Sylveon, Braixen e Pancham.

FORSE NON SAPEVI CHE...

- Prima di Serena, anche un'altra compagna di viaggio di Ash, Vera, aveva catturato un Eevee, che in seguito si è evoluto però in Glaceon.

- Nonostante venga agghindata durante i Varietà Pokémon, Sylveon è l'unico Pokémon di Serena a non indossare alcun accessorio al di fuori delle esibizioni.

- Sylveon non ha mai partecipato da sola a un'Esibizione Libera, ma si è sempre esibita con Braixen, con Pancham o con entrambi. Non ha nemmeno mai partecipato a una Performance a Tema.

SYLVEON

BEWEAR

Evoluzioni

Bewear
Pokémon Fortebraccio
Pronuncia: Bèwèar
Tipo: Normale-Lotta
Regione: Alola
Altezza: 2,1 m
Peso: 135,0 kg

Cerca di abbracciare chi considera suo amico in segno di affetto, ma bisogna guardarsi dalla sua stretta, talmente potente da frantumare le ossa.

Non si conoscono evoluzioni di questo Pokémon.

Stufful
Pokémon Bizzoso
Pronuncia: Stàfful
Tipo: Normale-Lotta
Regione: Alola
Altezza: 0,5 m
Peso: 6,8 kg

Il suo soffice manto è molto piacevole da accarezzare, ma se lo si sfiora inavvertitamente si rischia di venire attaccati.

Non si conoscono evoluzioni di questo Pokémon.

BEWEAR

L'incontro con il Team Rocket

Arrivato a Mele Mele, nella regione di Alola, Ash si perde in una foresta vicina ad Hau'oli mentre insegue un Grubbin che vuole catturare. Incontra così una Bewear, che lo attende a zampe aperte per un abbraccio. Il ragazzo inizialmente apprezza il gesto ma, quando si rende conto dell'incredibile forza del Pokémon, scappa a gambe levate per non restare intrappolato nella sua stretta! Ash si imbatte nuovamente in Bewear qualche giorno dopo, quando, visitando la foresta insieme alla classe, incontra il Team Rocket. Il trio parte all'attacco nella speranza di rapire Pikachu con un nuovo alleato, Mimikyu, ma quando lo scontro inizia a volgere a loro favore appare Bewear, che prende sotto braccio Jessie e James e li trascina via. Il Pokémon Fortebraccio li porta nella sua tana, dove li nutre con del miele di Combee. Finalmente il Team Rocket smette di provare paura nei suoi confronti, ma vorrebbe comunque scappare. Appena Bewear si allontana, il trio cerca la fuga, ma nota che uno stormo di Pikipek guidato da un Trumbeak si è intrufolato nella tana per portare via la scorta di bacche del loro benefattore! Jessie non può tollerarlo e, per ripagare Bewear dell'ospitalità, decide di recuperare le bacche. I tre trovano il nido dei ladri e decidono di intrappolare in una rete i Pikipek, il Trumbeak e il loro capo Toucannon, la forma evolutiva finale dei Pokémon Picchio. Una volta recuperato il maltolto e approfittando della presenza di Ash, il trio cerca nuovamente di rapire Pikachu affrontandolo con Mimikyu. Proprio quando il Pokémon Topo è alle strette appare Bewear, che stringe nella sua morsa il trio, Wobbuffet, Mimikyu e le bacche e li porta via. A suo modo, il Pokémon apprezza il favore che gli è stato restituito, così come il Team Rocket è grato della sua generosità.

Un Pokémon premuroso

Bewear è un Pokémon dall'aspetto molto dolce che nasconde tuttavia una forza incredibile. Nonostante il suo volto non lasci trapelare emozioni e abbia spesso dei modi bruschi, tiene moltissimo agli altri, persone e Pokémon: persino il temibile Team Rocket si intenerisce in sua presenza! Bewear è sempre pronta a proteggerli, sia dagli altri, correndo spesso in loro soccorso, sia da loro stessi, portandoli via prima che possano compiere azioni malvagie. La sua forza le permette di correre sull'acqua, sfondare pareti e tenere testa a qualsiasi altro Pokémon, senza sforzo.

Il ricongiungimento con Stufful

Nel tempo, il Team Rocket si affeziona moltissimo a Bewear. Jessie, la più burbera del trio, arriva persino a donarle delle malasade come ringraziamento per l'ospitalità. Un giorno, il Team Rocket si infiltra nell'Æther Paradise per rapire i Pokémon che vivono al suo interno. Appena prima di mettere in atto il loro piano, i tre scoprono che Ash si trova nei dintorni, così decidono di nascondersi e aspettare che se ne vada. A un certo punto, si rendono conto che uno Stufful li sta seguendo; non capendone il perché, James ipotizza che forse voglia essere catturato da Jessie, tuttavia il Pokémon Bizzoso schiva tutte le Poké Ball della ragazza prima di avventarsi sulla sua testa e attaccarsi ai capelli. Nel frattempo durante un controllo viene notata l'assenza di Stufful e Ciceria viene informata. La donna è molto preoccupata: era stata lei stessa a salvare quel Pokémon quando era rimasto schiacciato da un albero in una foresta e, avendo terminato la sua riabilitazione, mancava poco al suo rilascio in natura. I membri dell'Æther Paradise, insieme ad Ash e Lylia, iniziano a cercare lo Stufful scomparso e sono proprio i due ragazzi a trovarlo insieme al Team Rocket. Per pura abitudine, il trio fugge anche se non ha ancora fatto nulla di male e così tutti credono che abbiano rapito di nuovo dei Pokémon. I tre finiscono accerchiati e si preparano allo scontro, ma ecco che Bewear piomba dal cielo rompendo il tetto panoramico dell'Æther Paradise. Dopo l'iniziale sorpresa, i presenti non sanno cosa aspettarsi: Bewear fissa intensamente Jessie prima di abbracciare felicemente Stufful, ancora attaccato ai capelli della ragazza! Meowth traduce lo scambio tra i due Pokémon: Bewear è la mamma di Stufful e finalmente ha ritrovato il suo cucciolo dopo tanto tempo! I due sono felicissimi e il Pokémon Fortebraccio, stringendo a sé l'amato cucciolo da una parte e tutto il Team Rocket dall'altra, abbandona l'edificio portandoli in salvo.

Un cucciolo tenerissimo

Stufful è il cucciolo di Bewear e da quando si è riunito alla mamma non la lascia mai. Possiede una forza invidiabile ed è in grado di sfondare muri senza problemi anche se non ha mai partecipato a una lotta. Gli piacciono molto le terme e starebbe a mollo per giornate intere insieme a mamma Bewear.

Ultrapotenza

La forza di Bewear non ha davvero limiti, come dimostra durante l'attacco dell'Ultracreatura Pheromosa. Il Pokémon Leggiadria, arrivato ad Alola attraverso un Ultravarco, è attratto dai Cristalli Z e si aggira per l'isola di Mele Mele rubando questi preziosi strumenti a ogni Allenatore che incontra, incluso il Kahuna Hala! Pheromosa raggiunge anche il covo del Team Rocket, dove ruba i loro Obscurium Z e Mimikyum Z. Meowth se ne innamora all'istante e inizia a seguirne le tracce. Il Pokémon Leggiadria sfrutta i sentimenti del povero Meowth per farsi aiutare a rubare altri Cristalli Z ai compagni di classe di Ash. Proprio quando l'Ultracreatura scaccia infastidita il Pokémon Graffimiao dopo aver recuperato tutti gli strumenti che cercava, arriva Stufful seguito da una Bewear furente. Il Pokémon Fortebraccio è l'unico che riesce a tenergli testa: colpisce Pheromosa più e più volte fino a mandarlo al tappeto. Mentre tutti recuperano i propri Cristalli Z, Ash cattura l'Ultracreatura con una UC Ball, riuscendo così a farla tornare in sicurezza nell'Ultravarco.

Le Ultracreature

Nella regione di Alola può capitare che si aprano degli Ultravarchi, squarci nello spazio da cui fuoriescono Pokémon molto particolari provenienti da altre dimensioni: le Ultracreature. Di questi Pokémon, che spesso sono confusi e impauriti dal mondo in cui approdano, si conosce poco o niente. Per catturarli sono necessarie delle Poké Ball particolari, le UC Ball, che la Fondazione Æther ha sviluppato e fornito alla squadra degli Ultraprotettori, costituita da Ash e dai suoi compagni di classe, perché catturino le Ultracreature e le rispediscano negli Ultravarchi senza che nessuno si faccia male.

Interferenze indesiderate

Un giorno, mentre il Team Rocket si sta godendo la pace e la tranquillità di Alola, accade qualcosa di imprevisto: Matori, la segretaria del capo Giovanni, si reca a Mele Mele per catturare Bewear, dal momento che il trio aveva riportato al Quartier Generale le incredibili capacità del Pokémon Fortebraccio. Jessie, James e Meowth sono molto preoccupati della possibile reazione del Pokémon. Il trio decide quindi di imbrogliare Matori e di prendere tempo dicendole che non possono permettere che Bewear venga portata via, perché ne hanno bisogno per poter catturare i Pokémon più forti. Ironicamente, è proprio Bewear a impedire loro di catturare un Drampa irrompendo durante la lotta per riportarli nella tana insieme a Matori e al suo Meowth di Alola. Qui la segretaria scopre la gentilezza del Pokémon Fortebraccio, che offre a lei e al suo compagno del miele di Combee e delle bacche. Nonostante questo, durante la notte Matori mette in atto il suo piano diabolico: approfitta dell'assenza di Bewear e del sonno del Team Rocket per rapire Stufful e portarlo con sé al Quartier Generale. Infatti, si è resa conto che Bewear è troppo potente per poterla catturare, quindi basterà aspettare che Stufful si evolva. Tuttavia, Meowth si sveglia e si accorge della malefatta, e così insieme a Jessie e James organizza la controffensiva: mentre la ragazza distrae Matori, James sostituisce lo Stufful con un fagotto, che non è altri che Meowth travestito! Matori si accorge dello scambio solo una volta sull'elicottero diretto a Kanto e inizia a sgridare Meowth, che non sa come difendersi. Bewear scorge il mezzo volante in cielo e comprende che qualcosa non va: salta sul vetro della cabina comandi, lo sfonda, recupera il suo protetto e scappa via, facendo precipitare il veicolo e costringendo Matori alla fuga. Qualche giorno dopo, ancora acciaccata, la segretaria di Giovanni chiama il trio dal Quartier Generale per ricevere il rapporto, ma con sorpresa e terrore scopre che a rispondere è Bewear! Prima ancora di farla parlare, il Pokémon polverizza il dispositivo per le chiamate, regalando finalmente la serenità a Jessie, James, Meowth e a tutti i loro Pokémon.

Riconoscenza e addio

Durante la Lega di Alola, il Team Rocket mette in atto un altro piano per rapire dei Pokémon: per evitare interferenze da parte di Bewear, costruiscono per lei e Stufful delle terme con un Oranguru meccanico al loro servizio. Sotto lo Stadio Manalo, invece, creano un robot pilotabile con le sembianze di Bewear. Tentano di attuare il loro piano durante la cerimonia di premiazione del torneo, ma prima che possano fare qualsiasi cosa vengono spazzati via dal Guzzlord appena uscito dall'Ultravarco! I tre non si fanno intimidire e tornano all'attacco, con uno Sdoppiatore del Bewear meccanico, ma vengono scagliati in aria dall'Ultracreatura, che vorrebbe mangiarli! Fortunatamente interviene appena in tempo la vera Bewear, che lancia tutti quanti fuori dallo stadio. I tre del Team Rocket, sani e salvi, vorrebbero approfittare della confusione per allontanarsi da Bewear e perseguire il loro piano, ma si rendono conto che il Pokémon Fortebraccio è in difficoltà: Guzzlord è l'avversario più forte che abbia mai affrontato. A complicare la situazione, Stufful cade giù dalla schiena della mamma e Bewear si volta per proteggerlo, subendo così diversi colpi senza poter reagire! Il Team Rocket non può rimanere a guardare: abbandonando il piano malvagio, intervengono per salvare Bewear e Stufful e fuggono verso Mele Mele con i due Pokémon. Qualche giorno dopo, i tre ricevono una chiamata, questa volta da Giovanni in persona, il quale ordina loro di tornare al Quartier Generale a Kanto. Il trio non sa bene come organizzarsi, ma poi decide di lasciare i Pokémon catturati nella tana di Bewear, così che lei se ne possa occupare. Prima di partire con la mongolfiera, si fermano per un ultimo saluto a Bewear, che li abbraccia affettuosamente e poi lancia il veicolo verso Kanto. In attesa del loro ritorno, Bewear controllerà la sede di Alola del Team Rocket e si accerterà che tutti stiano sempre bene e al sicuro.

FORSE NON SAPEVI CHE...

- Nonostante Bewear abbia lottato spesso contro altri Pokémon, non ha mai usato delle vere e proprie mosse.

- Bewear è il secondo Pokémon a seguire il Team Rocket in una regione. Il primo era stata una Snubbull a Johto.

- Bewear è solita usare oggetti per muoversi a gran velocità: ha usato dei razzi per volare e dei ciocchi di legno come ruote per trasformarsi in una sorta di motocicletta. Alle volte riesce a muovere le zampe tanto velocemente da decollare!

- L'unico Pokémon che Bewear non è riuscita a sconfiggere è stato Jigglypuff: il Canto del Pokémon ha fatto addormentare persino lei!

- Quando il Team Rocket è in pericolo, Bewear non conosce limiti: viaggia persino fino a Kanto per recuperarli e riportarli alla tana.

BEWEAR

GRENINJA DI ASH

Evoluzioni

Froakie
Pokémon Schiumorana
Pronuncia: Fròki
Tipo: Acqua
Regione: Kalos
Altezza: 0,3 m
Peso: 7,0 kg

Si protegge avvolgendo il corpo in una schiuma delicata. Nonostante l'aria spensierata, scruta sempre l'ambiente circostante con molta attenzione.

Si evolve in Una sfida in incognito!

Frogadier
Pokémon Schiumorana
Pronuncia: FròGadir
Tipo: Acqua
Regione: Kalos
Altezza: 0,6 m
Peso: 10,9 kg

Lancia dei sassi racchiusi in bolle di schiuma. È talmente preciso da riuscire a colpire una lattina vuota a 30 m di distanza.

Si evolve in Un festival di decisioni!

Greninja
Pokémon Ninja
Pronuncia: Grenìngia
Tipo: Acqua-Buio
Regione: Kalos
Altezza: 1,5 m
Peso: 40,0 kg

Agile e sfuggente come un ninja, si fa beffe dei nemici grazie alla sua velocità e li bersaglia di shuriken d'acqua.

Greninja-Ash
Tipo: Acqua-Buio
Altezza: 1,5 m
Peso: 40,0 kg

Il legame con il suo Allenatore lo ha reso più simile a lui e ora condividono le emozioni. La sua arma vincente è il grosso shuriken d'acqua che porta sulla schiena.

Questo Pokémon può attivare l'Effetto Sintonia.

Mosse usate

Botta
La zampa di Froakie si illumina di bianco e il Pokémon tira un pugno al nemico.

Bolla
Froakie lancia tante piccole bolle d'acqua verso il nemico.

Idropulsar
Frogadier crea una sfera d'acqua con le zampe e la scaglia verso l'avversario.

Taglio
Greninja crea una lama di luce in una zampa e scaglia un fendente.

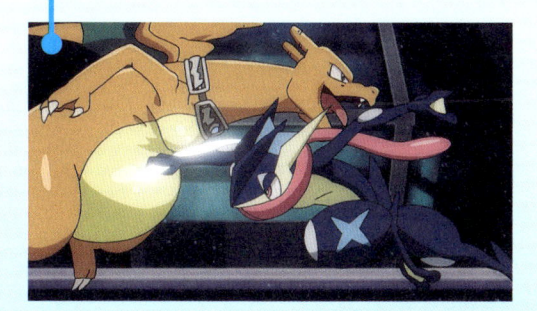

Doppioteam
Greninja crea diverse copie di se stesso per confondere l'avversario.

Aeroassalto
Le zampe di Greninja si illuminano e il Pokémon colpisce l'avversario a grande velocità.

Acqualame
Greninja crea degli shuriken d'acqua con le zampe e li scaglia verso il nemico.

Mosse usate (Greninja-Ash)

Doppioteam
Greninja-Ash crea diverse copie di se stesso per confondere l'avversario.

Taglio
Greninja-Ash crea delle lame di ghiaccio e si lancia contro l'obiettivo.

Acqualame
Greninja-Ash prende il grande shuriken d'acqua che ha sulla schiena e lo scaglia verso il nemico.

Aeroassalto
Le quattro zampe di Greninja-Ash si illuminano e il Pokémon colpisce l'avversario.

Alla ricerca dell'Allenatore giusto

Insieme a Chespin e Fennekin, Froakie è uno dei tre Pokémon iniziali della regione di Kalos. È nato da un Uovo e vive nello stagno del laboratorio di Platan, il Professore Pokémon della regione, insieme agli altri esemplari della sua specie in attesa di un Allenatore. Froakie è diverso dai suoi simili, non gli piace giocare e ballare, preferisce allenarsi per diventare più forte: un primo indizio di cosa gli riserverà il futuro! Per questo suo carattere particolare è malvisto dagli altri Froakie, che lo emarginano e lo attaccano. Dopo essere stato curato in un Centro Pokémon, l'Infermiera Joy consiglia a Platan di affidarlo a un Allenatore per farlo crescere.

GRENINJA DI ASH

Il Pokémon capisce che per diventare potente deve trovare il compagno giusto e, per questo motivo, diventa molto esigente nella scelta. Cambia diversi Allenatori, ma alla fine torna sempre al laboratorio insoddisfatto. Tutto questo fino all'arrivo di Ash Ketchum.

Ash a Kalos

Nel viaggio a Kalos, Ash è più maturo. I suoi compagni sono l'amica d'infanzia Serena e i fratelli Lem e Clem. Riesce ad accrescere i poteri latenti del suo Greninja sviluppando una trasformazione unica nel suo genere, la forma Greninja-Ash. Grazie a Greninja e ai suoi Pokémon, riesce a qualificarsi secondo alla Lega di Kalos.

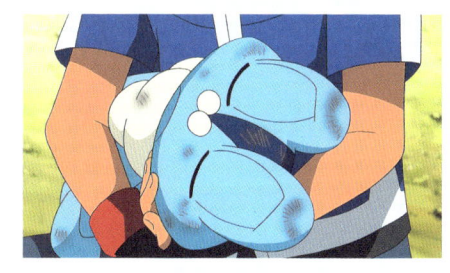

Ash è quello giusto!

Quando Ash arriva a Luminopoli, pronto a intraprendere il viaggio per sfidare la Lega Pokémon di Kalos, conosce il Capopalestra della città, Lem. I due ragazzi organizzano una lotta amichevole alla quale Froakie assiste di nascosto. Come di consuetudine, compare il Team Rocket per cercare di rapire Pikachu, ma Froakie si getta nella mischia per aiutarlo. Coperto dalle sue Frobolle, ferma l'Energisfera respinta dallo Specchiovelo del Wobbuffet di Jessie gettandosi sulla traiettoria e proteggendo Pikachu. Il Pokémon Schiumorana blocca i nemici con le Frobolle permettendo al Bunnelby di Lem di spedirli in orbita. Sfortunatamente Froakie è ferito gravemente e sviene, così Ash lo porta di corsa al laboratorio del Professor Platan per farlo curare. Poco dopo, il Team Rocket torna più agguerrito di prima e prova a usare un dispositivo per il controllo mentale su Froakie, ma la Garchomp del Professore gli si para davanti e viene catturata al suo posto. Tuttavia l'oggetto non funziona come dovrebbe, quindi Garchomp impazzisce e scappa. Ash, Pikachu e Froakie la inseguono fino alla vetta della Torre Prisma, dove la liberano dal dispositivo e le impediscono di cadere dall'edificio grazie alle Frobolle. Il giorno dopo, colpito dal coraggio del giovane Allenatore, Froakie gli lancia in faccia una Poké Ball appena prima che il ragazzo parta. Vuole unirsi alla sua squadra: Ash non può che esserne felice e cattura il suo nuovo amico.

Imparare a essere amici

Froakie non è capace di starsene con le mani in mano e ogni occasione è buona per diventare più forte. In una foresta vicina ad Altoripoli, durante un allenamento impara la mossa Taglio e quindi Lem invita Ash a fare una Lotta in Doppio per testare le sue nuove capacità. Ash è felice di accettare e schiera in campo Froakie e Hawlucha contro il Chespin e il Bunnelby dell'amico. Tuttavia, i due Pokémon di Ash iniziano a litigare e il ragazzo è costretto a sospendere l'incontro. A quel punto decide di allenarli a collaborare e, combinando i loro Taglio e Schiacciatuffo, inventa una mossa speciale che chiama Super Taglio-Tuffo. Poco dopo, però, Ash viene catturato da un Trevenant selvatico e ovviamente i suoi Froakie e Hawlucha lo inseguono per salvarlo. I due scoprono che il Pokémon, simile a un albero, sta solo cercando aiuto perché il Team Rocket ha rapito i suoi amici della foresta. Froakie e Hawlucha non esitano nemmeno un istante: il secondo spicca un balzo e Froakie gli sale in groppa, eseguendo così la mossa ideata da Ash e sconfiggendo i nemici! Subito dopo, i due si battono il pugno: finalmente sono diventati amici.

Frobolle

Le Frobolle sono una caratteristica esclusiva dei Froakie e dei Frogadier. Sono delle speciali bolle che si formano sulla schiena e intorno al collo dei Pokémon, composte da una sostanza schiumosa che attutisce i colpi, limita i danni e che, se lanciata contro un avversario, ne impedisce i movimenti. Possono essere usate anche per camuffarsi o per creare delle copie di se stessi.

Un ninja per amico

Sulla strada per Temperopoli, Ash vede un ragazzo e un Greninja, forma evolutiva finale di Froakie, svenuti in un fiume e si affretta a soccorrerli. Si tratta di Sanpei, un Allenatore che si sta impegnando per diventare ninja. Mentre racconta ad Ash di essere stato attaccato da un uomo mascherato e dal suo Barbaracle, i nemici li colgono di sorpresa per rubare il rotolo segreto che Sanpei deve portare a un tempio. I ragazzi provano a scappare, ma Sanpei, Greninja, Ash e Froakie vengono separati dagli altri e raggiunti dai cattivi. A quel punto Ash sceglie di aiutare l'amico nella lotta mandando in campo Froakie. Nello scontro, il Pokémon Schiumorana viene colpito dalla Fangosberla di Barbaracle, che si appresta poi ad attaccare i suoi compagni. Furioso, Froakie distrugge le rocce che lo intrappolano, evolvendosi in Frogadier! Allo stesso tempo impara anche Aeroassalto, una mossa che sfrutta per sconfiggere il nemico. I malvagi avversari svaniscono e così Ash e Sanpei possono raggiungere il tempio. A sorpresa, qui ricompare l'uomo mascherato, che rivela di essere Saizo, il maestro di Sanpei: il suo obiettivo era testare le sue abilità da ninja e il ragazzo ha superato l'esame. Sanpei ha raggiunto il suo obiettivo, mentre Ash ha un Pokémon ancora più forte!

Tra presente e futuro

Frogadier è ormai fondamentale nella squadra di Ash, che lo usa in molte lotte in varie Palestre. Dimostra tutta la sua potenza nella lotta per la Medaglia Pianta a Temperopoli, dove sconfigge il Gogoat di tipo Erba del Capopalestra locale, Amur, nonostante lo svantaggio di tipo. Scende in campo anche nella Lotta in Doppio assieme al Talonflame di Ash contro i Meowstic Maschio e Femmina di Astra, Capopalestra Psico di Fluxopoli. All'inizio il ragazzo fatica a contrastare la Divinazione degli avversari, una mossa che va a segno qualche tempo dopo la sua attivazione. Tuttavia, Ash trova presto un modo per sventare il pericolo chiedendo a Pikachu di tenere il tempo con la coda. Ash ordina a Talonflame di afferrare i due Meowstic e, dopo aver calcolato il tempo correttamente, gli chiede di lasciarli andare, così i due avversari vengono colpiti dalla loro stessa mossa. I Pokémon di Ash possono passare al contrattacco: Talonflame sconfigge la femmina di Meowstic con Nitrocarica e Frogadier manda KO il maschio con Idropulsar, facendo vincere al loro Allenatore la Medaglia Psico! Terminato l'incontro, Astra rivela che su Kalos si abbatterà una calamità, ma che Frogadier giocherà un ruolo fondamentale negli avvenimenti… Cosa significherà?

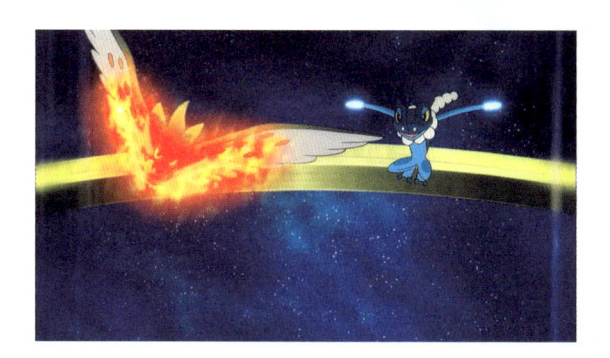

Ninja!

Fedele al suo nome e alle sue caratteristiche, Greninja ha tutte le abilità di un ninja *shinobi*: è rapido e silenzioso, si muove con eleganza e può lanciare degli shuriken d'acqua oltre ad avere la capacità di creare varie copie di se stesso. Sfrutta tutte le sue doti per avere la meglio sui nemici.

Una trasformazione misteriosa

Mentre si stanno dirigendo a Ponte Mosaico, Ash e i suoi amici incontrano nuovamente Sanpei e Greninja, che li ospitano al Villaggio Ninja, la loro città natale. Fanno visita al santuario dedicato al Greninja Eroe, un Pokémon che, secondo la leggenda, salvò il villaggio nell'antichità. Poco dopo, l'area viene attaccata da un esercito di ninja traditori, che vogliono prendere il controllo del villaggio. Ash e Frogadier decidono di aiutare gli amici a difendere la città, affrontando un uomo di nome Heidayu e il suo Bisharp, un Pokémon di tipo Buio-Acciaio. Gli avversari sono molto forti, ma per fortuna in soccorso dei nostri eroi arriva Saizo, che li sconfigge. I ninja malvagi si ritirano, ma non prima di aver rapito l'anziano capo del villaggio. Scoperta la loro posizione sul Monte Otori, gli abitanti del Villaggio Ninja partono per salvarlo. Ash e Sanpei si scontrano nuovamente con Heidayu, che con il suo Bisharp sconfigge senza troppi problemi Pikachu. Frogadier, vedendo l'amico in difficoltà, si evolve in Greninja e impara Acqualame, con cui respinge l'avversario. Bisharp parte all'assalto con Forbice X, ma nel mentre Ash afferma che lui e il suo Pokémon diventeranno più forti: Greninja viene avvolto da un vortice d'acqua e assume una forma mai vista prima! Il Pokémon nemico non può nulla contro il suo Taglio e viene sconfitto. Terminato l'incontro, Greninja torna alla sua forma normale e Ash si domanda cosa sia successo al suo Pokémon. Una volta sventato il pericolo, gli abitanti del Villaggio Ninja rivelano ad Ash che l'evento potrebbe essere collegato all'antica leggenda del Greninja Eroe.

Allenamento con la Campionessa

Mentre cercano di perfezionare la nuova trasformazione, che Clem chiama "Greninja-Ash" data la somiglianza tra l'Allenatore e il suo Pokémon, Ash incontra la Campionessa di Kalos, Diantha. La donna è incuriosita dal potere speciale di Greninja e il ragazzo non può che essere emozionato all'idea di affrontare una Campionessa. Diantha manda in campo il suo Gardevoir, un Pokémon di tipo Psico-Folletto. Lo scontro è serratissimo fin dall'inizio: il Pokémon di Ash non riesce ad assestare neanche un colpo! Fortunatamente, riesce a trasformarsi e a passare in vantaggio, fino a quando Diantha non attiva la megaevoluzione.

GRENINJA DI ASH

Greninja attacca frontalmente, ma MegaGardevoir lo allontana, prima di respingere Acqualame con Palla Ombra. Dopo una serie di attacchi, Ash si infiamma e Greninja perfeziona la sua trasformazione: il vortice d'acqua che lo circondava diventa un grande shuriken sulla schiena! MegaGardevoir prova a colpirlo con Palla Ombra, ma Greninja-Ash distrugge la palla di energia con lo shuriken e colpisce in pieno l'avversario. L'incontro, però, non può continuare, perché sia Ash sia Greninja svengono per la stanchezza. Si scopre così che la trasformazione crea una connessione tra i due e la fatica, il dolore e la vista di uno si trasmettono all'altro. Dopo essersi ripresi, Allenatore e Pokémon si promettono che si alleneranno ancora di più per migliorare la trasformazione.

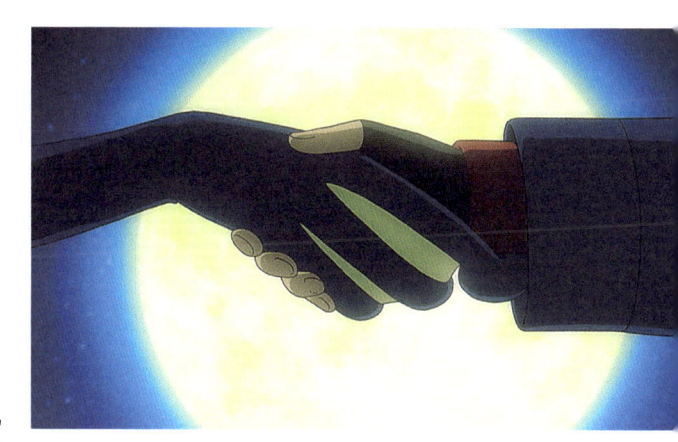

Effetto Sintonia

L'Effetto Sintonia è una trasformazione unica nel suo genere: è simile alla megaevoluzione, ma solo Ash e il suo Greninja sono in grado di attivarla. Il Pokémon si trasforma in una versione di se stesso somigliante al proprio Allenatore e, inizialmente, viene avvolto da un vortice d'acqua. Quando i due la perfezionano, l'acqua si concentra sulla schiena e diventa uno shuriken gigante. In questa modalità, Ash e Greninja condividono tutto ciò che provano.

Comprendersi per migliorare

Arrivato a Fractalopoli per l'ottava e ultima Medaglia, Ash usa Greninja nella lotta contro il Capopalestra di tipo Ghiaccio Edel. Tuttavia l'eccessiva fiducia nella loro trasformazione, non ancora perfezionata, li porta a una rovinosa sconfitta. Ritenendosi responsabile dell'accaduto, Ash si allontana da solo nel Bosco Passoperso per riordinare le idee. Anche Greninja si ritiene colpevole e decide di andare a cercarlo. All'improvviso scoppia una bufera di neve e Ash vede uno Spewpa, un Pokémon Coleottero, in bilico su un ramo che sta per cadere in un dirupo. Cerca di aiutarlo, ma il ramo cede ed entrambi cadono nel vuoto! Per fortuna, in loro soccorso arriva Greninja, che li afferra con la lunga lingua. Una folata di vento, però, fa cadere di nuovo Spewpa, così Allenatore e Pokémon, ora in perfetta sintonia, attivano la trasformazione completa di Greninja-Ash, salvando il piccolo. Di nuovo uniti, tornano a sfidare Edel, che usa Abomasnow. Nonostante la megaevoluzione dell'avversario, niente può fermare la forma Greninja-Ash: dopo una serie di potenti colpi, Greninja chiude la lotta con Aeroassalto e il suo Allenatore si aggiudica la Medaglia Iceberg.

Un Pokémon predestinato

Greninja ha sempre saputo ciò che voleva, fin da quando era un Froakie. La consapevolezza della sua predestinazione lo ha portato ad allenarsi senza sosta. Grazie al legame con Ash, raggiunge il suo massimo potenziale assumendo una forma mai vista prima: come predetto dalla Capopalestra Astra, le sue capacità sono essenziali per salvare il mondo dai piani malvagi del Team Flare e dalla Roccia Gigante.

Una finale al cardiopalma!

Dopo una serie di incontri entusiasmanti, Ash arriva alla finale della Lega Pokémon di Kalos, dove deve affrontare Alan, il suo rivale della regione. Greninja è il suo ultimo Pokémon e, appena entrato in campo, sconfigge con un colpo solo il Bisharp avversario. Ora è il momento di affrontare l'ultimo Pokémon disponibile di Alan, il potente Charizard. Dopo uno scambio rapido di Lanciafiamme e Taglio, Greninja attiva la sua trasformazione, ribattezzata da Platan "Effetto Sintonia", e Charizard si megaevolve in MegaCharizard X. Il Pokémon di Ash parte alla carica con Doppioteam, che viene distrutto dal Lanciafiamme avversario, e prosegue con Acqualame. L'attacco viene contrastato da Dragartigli e i due Pokémon riescono a colpirsi a vicenda con Aeroassalto e Dragartigli. Charizard ripete Lanciafiamme, ma Greninja lo spazza via con Taglio prima di usare Acqualame verso terra per spegnere l'Incendio nemico. Colpisce poi Charizard con Aeroassalto, ma l'avversario si rialza e contrattacca con Dragartigli e Tuonopugno, che Greninja annulla con Acqualame. Ash ordina poi al suo Pokémon di usare Acqualame alla massima potenza: l'acqua si raccoglie nello shuriken, che diventa enorme e dorato, e Greninja lo scaglia contro Charizard, il quale risponde con Incendio. Segue un'enorme esplosione e, quando il fumo si dirada, i due avversari sono in piedi l'uno di fronte all'altro. Tuttavia, Greninja non ha più energie e va KO, lasciando la vittoria ad Alan e Charizard. Che lotta entusiasmante!

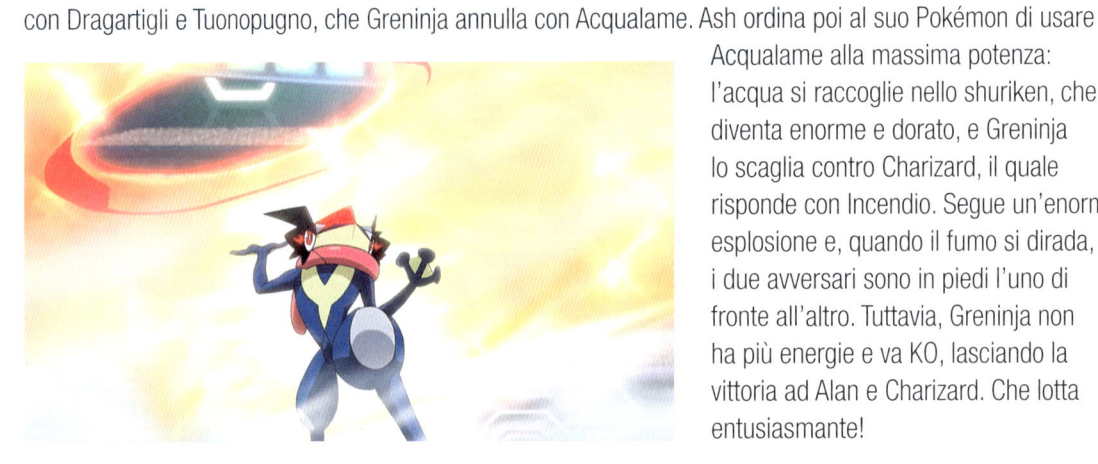

Elisio e il Team Flare

Elisio è un Allenatore che vuole sfruttare il potere del Pokémon leggendario Zygarde per depurare il mondo dall'influenza dell'uomo. Stanco delle inutili guerre, desidera annientare la maggior parte del genere umano risparmiando solo pochi eletti, che manterranno il mondo puro e incontaminato. Si serve di una schiera di seguaci che battezza Team Flare.

In difesa del pianeta

Terminata la Lega di Kalos, Elisio, il capo dell'organizzazione malvagia Team Flare, dà il via al suo piano di distruzione e ricreazione del mondo utilizzando i poteri del leggendario e corrotto Zygarde. Il Pokémon fa crescere delle enormi radici che iniziano a distruggere la città di Luminopoli, mentre il Team Flare rapisce Ash e la sua squadra per portarli da Elisio. L'uomo vuole usare il loro potere a proprio vantaggio, ma l'Allenatore e i suoi Pokémon si liberano. Elisio li affronta quindi con i suoi Pyroar, fiero Pokémon Normale-Fuoco, e MegaGyarados cromatico. In soccorso di Ash arriva Alan con Charizard e, dopo un violento scontro, i Pokémon nemici vengono sconfitti. Quando la situazione sembra risolta, appare dal nulla un'entità enorme, simile a uno Zygarde, chiamata Roccia Gigante, che si dirige verso Fluxopoli in cerca di energia distruggendo al contempo tutto ciò che trova sul suo cammino. Ash, Greninja, Alan e Charizard, unendosi ai loro amici e ai Capipalestra della regione, riescono a distruggere la creatura e a riportare la pace. Si è realizzata così la profezia di Astra, che vedeva Greninja nei panni dell'eroe che avrebbe salvato il mondo. Zygarde, che nel frattempo è tornato in sé, nota le incredibili abilità di Greninja e gli chiede di unirsi a lui per mantenere la pace. Greninja accetta, con il benestare di Ash. Pokémon e Allenatore si scambiano uno struggente abbraccio prima di separarsi.

FORSE NON SAPEVI CHE...

- Quando era un Froakie, visto che tornava sempre al laboratorio del Professor Platan dopo aver rifiutato un Allenatore, era soprannominato "il Pokémon che torna".

- Greninja è il primo Pokémon appartenente ad Ash ad aver avuto più di un Allenatore prima di lui.

- Al momento, Froakie è l'unico Pokémon iniziale di Kalos di Ash e l'unico iniziale di tipo Acqua a essersi mai evoluto.

- Greninja è il primo Pokémon di un personaggio importante ad avere una trasformazione speciale.

- Tra i Pokémon catturati a Kalos da Ash, Greninja è il solo a non aver mai avuto una debolezza al tipo Ghiaccio.

- La liberazione di Greninja da parte di Ash segna la prima volta che il ragazzo si separa da un Pokémon iniziale.

GRENINJA-ASH

STEELIX DI BROCK

Evoluzioni

Onix
Pokémon Serpesasso
Pronuncia: Òniks
Tipo: Roccia-Terra
Regione: Kanto
Altezza: 8,8 m
Peso: 210,0 kg

Scava nel terreno a una velocità di 80 km/h contorcendo e agitando il corpo grande e possente.

Si evolve prima di *Brock e i suoi fratelli*

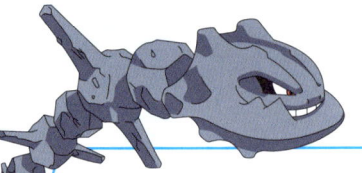

Steelix
Pokémon Ferroserpe
Pronuncia: Stìlics
Tipo: Acciaio-Terra
Regione: Kanto
Altezza: 9,2 m
Peso: 400,0 kg

Un Onix vissuto più di 100 anni. Il suo corpo ha cambiato composizione ed è diventato duro come il diamante.

Si megaevolve in

MegaSteelix
Tipo: Acciaio-Terra
Altezza: 10,5 m
Peso: 740,0 kg

Il suo corpo è diventato più duro di qualsiasi minerale conosciuto. Si muove lentamente ma ha un'eccezionale resistenza ai danni.

STEELIX DI BROCK

Mosse usate

Terrempesta
Onix crea una tempesta di sabbia.

Schianto
Onix colpisce il bersaglio con un colpo di coda.

Sassata
Onix crea delle pietre e le lancia contro l'avversario.

Dragospiro
Steelix emette dalla bocca un turbine d'aria che colpisce l'avversario.

Legatutto
Steelix stritola con la coda l'avversario, che viene immobilizzato.

Fossa
Steelix scava una buca nel terreno e poi emerge sotto il nemico all'improvviso.

Pietrataglio
Steelix fa affiorare dal suolo una fila di rocce acuminate che centrano l'obiettivo.

Vortexpalla
Steelix ruota su se stesso fino a liberarsi dalle fiamme nemiche.

Codacciaio
Steelix illumina la sua coda di bianco prima di usarla per colpire il nemico.

Il primo Pokémon

Onix è il Pokémon iniziale di Brock. Suo padre, Flint, glielo regala il giorno del suo decimo compleanno: Brock si sveglia e nota l'enorme testa di roccia fare capolino dalla finestra! Da allora, Onix è il compagno di avventure preferito di Brock, nonché il suo Pokémon più fidato dopo che il ragazzo eredita il titolo dal padre e diventa Capopalestra di Plumbeopoli. Un giorno, nella sua Palestra arriva uno sfidante in erba: si tratta di Ash, che ha appena iniziato il proprio viaggio e vuole ottenere la sua prima Medaglia. Brock accetta la sfida e schiera il suo Onix contro il Pikachu del ragazzo, che non può nulla contro il potente Legatutto del Pokémon Serpesasso. Ash si arrende subito per evitare che il proprio compagno subisca troppi danni. Il giorno successivo, lo scontro si ripete: Ash e Pikachu si sono allenati e sono più forti, quindi gli attacchi di tipo Elettro riescono a scalfire Onix. Ciò nonostante, Pikachu cade di nuovo nella morsa di Legatutto finché Brock non ordina al proprio Pokémon di fermarsi per non fare troppo male al Pokémon Topo. Lo scontro sembra concluso quando succede qualcosa di inaspettato: il Tuonoshock precedentemente scagliato da Pikachu fa divampare un fuoco che attiva il sistema antincendio della Palestra. L'acqua che piove dal soffitto indebolisce Onix e Ash ne approfitta per lanciare un nuovo attacco elettrico: l'avversario è quasi sconfitto, ma i fratelli di Brock saltano addosso al ragazzo pregandolo di fermarsi. Ash si ritira dall'incontro ammettendo che senza l'intervento provvidenziale dell'acqua non avrebbe potuto vincere e promettendo di tornare per conquistare la vittoria con le sue forze. Brock, però, decide di donargli comunque la Medaglia Sasso. Inoltre, gli chiede di poterlo seguire nel suo viaggio, ovviamente in compagnia del suo fidato Onix!

Un ragazzo versatile

Brock inizia il suo percorso come Capopalestra di Plumbeopoli per sostituire il padre, partito per un lungo viaggio. In realtà, il suo sogno è diventare un Allevatore Pokémon e occuparsi della crescita e della cura di queste creature. Dopo aver viaggiato a lungo con Ash, tuttavia, decide di studiare per diventare un Dottore Pokémon. Brock è anche il personaggio che ha accompagnato Ash più di chiunque altro: l'ha seguito a Kanto, Johto, Hoenn e Sinnoh, ed è persino passato a trovarlo ad Alola!

Allevatori Pokémon improvvisati

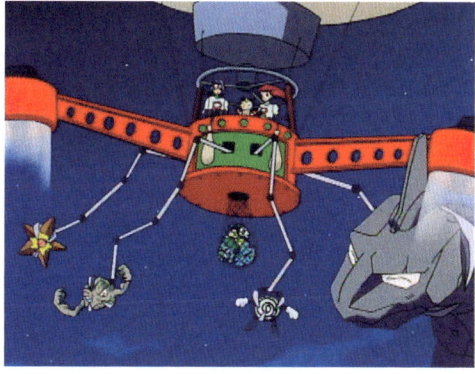

Brock è solito curare e accudire i suoi compagni di viaggio e tutti i Pokémon del gruppo. Durante il viaggio a Johto, Ash e Misty si rendono conto della sua importanza quando Brock si ammala: ha la febbre molto alta e per questo i ragazzi lo mettono a letto e decidono di occuparsi in prima persona delle varie faccende. Per loro sfortuna, è proprio il giorno della lucidatura dei Pokémon Roccia, ovvero Onix e Geodude. Il corpo del primo, però, è troppo grande per poterlo lustrare solo con uno straccio, così Ash decide di velocizzare il processo chiedendo a Totodile di pulirlo con Pistolacqua. I Pokémon di tipo Roccia, tuttavia, hanno paura dell'acqua, quindi Onix inizia a dimenarsi per schivare l'attacco, finendo per scaraventare via Ash e Misty con un colpo di coda! Quella sera Brock non si sente ancora bene mentre i suoi amici sono esausti per aver fatto tutto da soli, così il Team Rocket ne approfitta per rapire i Pokémon del gruppo, Onix compreso! I ragazzi si gettano all'inseguimento, ma non riescono a raggiungere la mongolfiera del trio, ormai già alta nel cielo. Per fortuna Brock si riprende, capisce subito la situazione e ordina al suo Golbat di bucare il pallone per far cadere a terra i cattivi. Nella lotta che segue è proprio il suo Onix a dare il colpo di grazia ai malfattori prima che Pikachu li spedisca in orbita. I Pokémon sono salvi ma, soprattutto, Brock può riprendere a occuparsi di tutti quanti!

Un Pokémon duro solo all'apparenza

Steelix, con il suo aspetto imponente e minaccioso, può sembrare un Pokémon spietato, ma in realtà ha paura dell'acqua! Non la sopporta: una volta, quando era ancora un Onix, ha anche fatto perdere una gara a ostacoli al suo Allenatore ritirandosi alla vista di un lago! Nonostante questo, Steelix è un Pokémon molto affettuoso e, quando Brock torna a casa dopo tanto tempo, usa Legatutto su di lui per abbracciarlo ed esprimere la propria felicità.

La riconquista della Palestra

Al termine del viaggio nella regione di Johto, Brock torna a casa, a Plumbeopoli, per scoprire che Lola, sua madre, ha deciso di trasformare la loro Palestra di tipo Roccia in una di tipo Acqua! Brock non può accettare un cambiamento così radicale, dunque decide di sfidarla in una lotta Pokémon: se riuscirà a sconfiggere il Pokémon di tipo Acqua di Lola in un campolotta pieno d'acqua, la Palestra tornerà di tipo Roccia. Brock sceglie Onix per affrontare Mantine, un abile nuotatore in grado anche di volare. L'Allenatore ordina al suo compagno di usare Fossa per drenare l'acqua dal fondo del campolotta e permettergli di muoversi più agilmente, quindi prosegue con Legatutto, che immobilizza Mantine, il quale usa Bollaraggio per liberarsi. Lola sembra riprendere in mano le redini dell'incontro grazie al doppio vantaggio di tipo, ma alla fine è Onix a uscirne vincitore: la Palestra è salva! Tuttavia, prima di ripartire per Hoenn, Brock decide di lasciare Onix, insieme a Geodude e Crobat, al maggiore dei suoi fratelli, Forrest, perché possano aiutarlo a diventare un grande Capopalestra.

La famiglia di Brock

Brock fa parte di una famiglia molto numerosa che conta ben dieci figli! Per molti anni è stato lui a prendersi cura dei fratelli e per questo è diventato un ottimo cuoco. Tutti in famiglia lo ammirano e spesso chiedono il suo aiuto per risolvere problemi inerenti alla Palestra. Quando inizia il suo viaggio, restituisce il titolo di Capopalestra al padre ma, durante la visita a casa prima di ripartire per Hoenn, chiede al fratello, Forrest, di occuparsene.

L'evoluzione e la difesa della Palestra

Durante il secondo viaggio di Ash nella regione di Kanto, Brock passa da Plumbeopoli e di nuovo stenta a riconoscere la propria Palestra: questa volta i suoi genitori si sono affidati a dei ristrutturatori professionisti che hanno decorato gli esterni e gli interni in un modo piuttosto pacchiano e kitsch, che poco si addice a una Palestra di tipo Roccia. Come se non bastasse, i due hanno anche vinto un viaggio premio e così hanno lasciato i suoi fratelli a casa da soli. Brock non ha intenzione di accettare questi cambiamenti e decide quindi di affrontare i ristrutturatori di Palestre in una Lotta in Doppio insieme ad Ash per riprendere il controllo. In mezzo a tutti questi problemi, tuttavia, si nasconde una piacevole sorpresa: durante l'assenza di Brock, suo fratello Forrest ha fatto evolvere Onix nel potente Steelix! Brock lo sceglie nella lotta contro Aggron e Charizard. Nonostante lo svantaggio di tipo, grazie alle nuove mosse Steelix riesce a mettere alle strette gli avversari al punto da farli litigare e lottare tra loro.

STEELIX DI BROCK

È proprio un Lanciafiamme di Charizard a mandare in fumo il travestimento dei ristrutturatori e svelare l'inganno: si tratta del Team Rocket, che vuole approfittare della confusione per rubare i Pokémon della Palestra! A questo punto Steelix si unisce agli altri Pokémon di Ash e Forrest per spedire i cattivi in orbita e salvare nuovamente la Palestra di Plumbeopoli. Risolto anche questo problema, Brock riprende il suo viaggio, lasciando Steelix alle cure del fratello.

Infatuazioni pericolose

Brock ha la tendenza a innamorarsi di ogni bella ragazza che incontra, in particolare delle Infermiere Joy e delle Agenti Jenny. Non solo non viene quasi mai ricambiato, ma i suoi compagni di viaggio sono sempre costretti a risolvere le imbarazzanti situazioni in cui si caccia: prima Misty e poi Max lo allontanano tirandolo per le orecchie, mentre a Sinnoh ci pensa il suo Croagunk a uscire dalla Poké Ball e usare Velenpuntura su di lui, prima di trascinarlo via…

Alola, megaevoluzione!

Durante la visita a Kanto di Ash e dei suoi compagni di classe di Alola, il gruppo si ferma alla Palestra di Celestopoli per lottare contro Capipalestra come Brock e Misty. Uno degli sfidanti di Brock è Kawe, che con il suo Turtonator sfida Steelix. Kawe pensa di avere la meglio per il vantaggio di tipo del proprio Pokémon Fuoco-Drago, ma Steelix spegne l'incendio che lo avvolge con Vortexpalla, quindi contrattacca con Legatutto, stritolando Turtonator, ma il Pokémon Tartabomba si libera. Dopo una Fossa superefficace, Steelix si megaevolve per poter resistere alla potente mossa Z Fiammobomba Detonante di Turtonator. Kawe non ha più assi nella manica e nello scontro finale tra Pietrataglio e Codadrago è MegaSteelix a vincere!

FORSE NON SAPEVI CHE...

- Steelix è il primo Pokémon a megaevolversi nella regione di Kanto.

- Steelix è il primo Pokémon appartenente a un compagno di viaggio di Ash la cui evoluzione non viene mostrata durante la serie animata.

- Da quando si è evoluto, Steelix ha affrontato lotte solo all'interno di Palestre, per la precisione quella di Plumbeopoli e quella di Celestopoli.

- Steelix è considerato uno dei Pokémon rappresentativi della Palestra di tipo Roccia di Plumbeopoli, nonostante dopo l'evoluzione diventi di tipo Acciaio-Terra.

MEGASTEELIX

PIPLUP DI LUCINDA

Evoluzioni

Piplup
Pokémon Pinguino
Pronuncia: Pìplap
Tipo: Acqua
Regione: Sinnoh
Altezza: 0,4 m
Peso: 5,2 kg

Quando cammina risulta goffo e cade spesso. Poiché è molto orgoglioso, continua come se nulla fosse.

Non si conoscono evoluzioni di questo Pokémon.

Mosse usate

Bollaraggio
Dal becco di Piplup escono tante bolle che colpiscono il bersaglio.

Beccata
Il becco di Piplup si illumina di bianco e con quello colpisce l'avversario.

Pazienza
Piplup si illumina di bianco, assorbe gli attacchi dei nemici e poi emette un raggio che li colpisce con il doppio della potenza.

PIPLUP DI LUCINDA

Mosse usate

Mulinello
Piplup punta il becco verso l'alto e crea un vortice d'acqua che lancia contro il nemico, intrappolandolo al suo interno.

Idropompa
Piplup sprigiona dal becco un potentissimo getto d'acqua che travolge l'avversario.

Geloraggio
Dal becco di Piplup partono dei raggi di energia azzurri che colpiscono il nemico.

Perforbecco
Il becco di Piplup si illumina di bianco, si allunga e colpisce il bersaglio.

Bottintesta
Piplup carica l'avversario e lo attacca con una testata.

Mosse improvvisate

Controscudo
Piplup fa una piroetta su se stesso e usa Bollaraggio, proteggendosi con le bolle dagli attacchi avversari.

Dolcebacio-Bollaraggio
Pachirisu usa Dolcebacio e Piplup lo segue con Bollaraggio: le bolle avvolgono i cuori, che galleggiano in aria.

Combinazione Acqua e Fuoco
Piplup usa Bollaraggio, Blaziken Turbofuoco: le due mosse si uniscono creando un turbine di fuoco e acqua che intrappola il nemico.

Scarica-Mulinello
Piplup usa Mulinello e Pachirisu usa Scarica, riempiendo di scintille e potenziando il Mulinello.

Mosse improvvisate

Piano A
Piplup usa Bollaraggio per creare un muro di bolle e nascondere se stesso e Pachirisu dagli avversari. Quindi Pachirisu salta oltre il muro cogliendo alla sprovvista i nemici con Superzanna.

Forzasfera-Bollaraggio
Piplup usa Bollaraggio sulla Forzasfera di Togekiss, circondandola di bolle che la rendono ancora più appariscente.

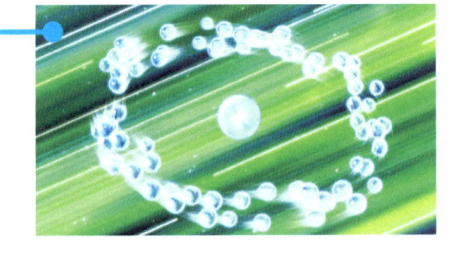

Mulinello Aureo
Piplup lancia Mulinello e Togekiss lo colpisce con Forzasfera, rendendolo più scintillante e potente.

Formazione Razzo
Piplup sale sulla schiena di Togekiss mentre questo usa Aeroattacco e attacca con Beccata. Le due mosse si combinano sprigionando un'aura rossa attorno alla coppia.

Idro Locomovolt
Pikachu usa Locomovolt e Piplup indirizza Idropompa su di lui, per spingerlo con ancora più forza contro l'avversario.

Ultra Bolla
Piplup usa Bollaraggio per creare una grossa bolla piena di acqua che imprigiona il bersaglio.

PIPLUP DI LUCINDA

Un incontro burrascoso

Piplup è uno dei Pokémon iniziali, insieme a Turtwig e Chimchar, presenti nel laboratorio del Professor Rowan a Sabbiafine, nella regione di Sinnoh. Il Professore ha chiesto ai suoi assistenti di nutrire i Pokémon affinché siano pieni di energia e facciano buona impressione a un nuovo Allenatore che dovrebbe arrivare di lì a poco. Chimchar, però, ruba del cibo a Piplup, che si arrabbia e lo attacca. Lo scontro finisce per coinvolgere anche uno Starly e uno Staraptor presenti nel laboratorio, che rompono una finestra da cui i quattro Pokémon riescono a scappare. Piplup continua a inseguire Chimchar fino al bosco lì vicino, dove viene raggiunto da Lucinda, un'aspirante Allenatrice che ha iniziato proprio quel giorno il suo viaggio. La ragazza cerca di fermarlo, ma in tutta risposta Piplup la attacca con Bollaraggio e poi riprende la corsa finché non viene catturato insieme ad altri Pokémon nella tela di un Ariados! Lucinda lo raggiunge e insieme riescono a sconfiggere tutti gli Ariados selvatici presenti. Mentre i due tornano al laboratorio, si fermano sulla riva del Lago Verità e assistono all'apparizione, solo per un momento, dello spirito del Pokémon leggendario Mesprit! Infine, arrivati dal Professor Rowan, Lucinda sceglie Piplup come proprio Pokémon iniziale.

Lucinda

Lucinda è la figlia della Super Coordinatrice Olga, da cui ha ereditato la passione per le Gare Pokémon. Durante il viaggio a Sinnoh per la conquista dei cinque fiocchi, riesce a superare la sua paura per Plusle e Minun, due Pokémon che all'asilo le avevano elettrizzato i capelli rendendola vittima delle prese in giro dei compagni, che la chiamavano Lunatica Luccicante o Lulù.

Le prime Gare Pokémon

Lucinda usa Piplup nel Saggio di Recitazione della prima Gara Pokémon che affronta, a Giubilopoli. Con la sua combinazione di mosse, il Pokémon le fa guadagnare l'accesso al Round di Lotta, dove però la sua compagna Buneary viene sconfitta dalla nuova amica e rivale Zoey. Alla Gara di Giardinfiorito, invece, Piplup si esibisce nella Gara di Lotta. Affronta subito la Dustox di Jessie, che partecipa con lo pseudonimo di Jessilina. Inizialmente Piplup sfrutta le mosse dell'avversaria per esaltare la propria bellezza, ma presto gli attacchi lo mettono alle strette e perde molti punti cercando di schivarli. Lucinda cambia quindi strategia: ordina Pazienza per iniziare il contrattacco e termina la lotta con Beccata, che manda KO Dustox e li fa avanzare alle semifinali, che superano facilmente. In finale affronta il Prinplup di Kenny, amico d'infanzia di Lucinda e suo rivale. Per Piplup, la lotta contro la sua forma evoluta è molto complicata: il suo punteggio cala subito per la potenza degli attacchi avversari, ma il contrattacco con Mulinello impressiona i giudici e allo scadere del tempo Lucinda termina con pochi punti in più rispetto a Kenny, sufficienti per farle vincere il primo fiocco!

Entrare con stile!

A Sinnoh, durante le Gare Pokémon, i Coordinatori fanno abitualmente uso di Bolli, adesivi da applicare alle Capsule. Queste sono delle sfere semitrasparenti usate per ricoprire le Poké Ball. I Bolli, invece, permettono di dare effetti particolari ai Pokémon quando escono dalla sfera, per esempio ricoprendoli di cuori, di stelle o di saette. Piplup esordisce spesso nelle Gare uscendo dalla sfera con un Bollabollo, che lo circonda di tante bolle da far scoppiare per risaltare nello scintillio dell'acqua.

Il ritorno alla vittoria

Dopo il primo fiocco vinto, Lucinda e Piplup passano un brutto periodo: non riescono a vincere il Saggio di Recitazione della Gara di Doppia Performance di Flemminia nonostante la buona combinazione di Piplup e Pachirisu, e anche nella Gara successiva Lucinda non raggiunge il Round di Lotta. Finalmente, alla Coppa Adriano Lucinda supera le proprie insicurezze e arriva in semifinale, dove sceglie Piplup contro il Crawdaunt di Kyle. Con un buon uso di Pazienza, riesce a togliere abbastanza punti all'avversario per passare in finale, dove incontra Vera, vecchia compagna di viaggio di Ash. L'avversario di Piplup è un Glaceon, una delle tante evoluzioni di Eevee. L'esperienza di Vera, che ha partecipato già a due Grand Festival, si fa sentire. Glaceon schiva Bollaraggio e risponde con Forzasegreta e Geloscheggia,

PIPLUP DI LUCINDA

costringendo Piplup a tuffarsi in acqua per riprendersi. Il Pokémon Pinguino, tuttavia, ha ingranato e inizia a rispondere colpo su colpo. L'uso di Mulinello come scudo per proteggersi da Geloscheggia segna il momento del ritorno in parità tra i punteggi delle due Coordinatrici. Con il tempo agli sgoccioli, Lucinda ordina un ultimo Mulinello a cui Glaceon risponde con Specchiovelo. Entrambi i Pokémon vengono colpiti, ma alla fine Lucinda rimane con qualche punto in più dell'avversaria, guadagnando il Fiocco Acqua!

Coppa Adriano

La Coppa Adriano è una Gara Pokémon speciale organizzata dal Maestro Gara Adriano una volta all'anno in diverse aree del mondo. Lui stesso fa parte della giuria e il palcoscenico è peculiare: contiene una grande vasca d'acqua utile a mettere in risalto le capacità dei Pokémon acquatici. È un evento così importante che il suo premio, il Fiocco Acqua, è considerato valido per la qualificazione ai Grand Festival di qualsiasi regione. Per questo motivo, Coordinatori da tutto il mondo partecipano alla Coppa Adriano e la competizione è serratissima.

Per sempre Piplup

A Scutellaria, durante l'allenamento per la Gara Pokémon in cui Lucinda spera di vincere il quinto fiocco, Piplup sembra molto stanco. Da diverso tempo, infatti, continua a usare Pazienza per bloccare la sua evoluzione in Prinplup, senza dirlo a nessuno. Preoccupata, Lucinda lo porta dall'Infermiera Joy del Centro Pokémon, che la rassicura affermando che ha solo bisogno di riposo. Lucinda coccola Piplup dicendogli di essere emozionata per la sua imminente evoluzione, ma il Pokémon si arrabbia e scappa via. L'Allenatrice lo ritrova nella foresta mentre continua a bloccare l'evoluzione e non capisce perché si comporti così. Piplup si allontana nuovamente e finisce nella tela di un Ariados!

Grazie all'intervento di Lucinda, il Pokémon riesce a liberarsi, ma appaiono altri Ariados pronti a colpirli con Iper Raggio! Tuttavia, proprio come il giorno in cui si sono incontrati, Piplup non si lascia intimidire, usa Pazienza, subisce i colpi e li rimanda al mittente con il doppio della potenza, liberandosi definitivamente dei Pokémon. Sembra che tutto sia risolto, quando arriva il solito Team Rocket a bordo di un nuovo robot e rapisce Piplup. Lucinda si getta dentro la sala comandi per liberarlo e, durante lo scontro, Meowth traduce le parole di Piplup: il Pokémon non vuole evolversi per rimanere uguale a com'era quando ha incontrato Lucinda. Dopo aver rinsaldato il rapporto con l'Allenatrice, Piplup sconfigge il trio e lo spedisce in orbita. Di ritorno al Centro Pokémon, l'Infermiera Joy e Chansey donano a Lucinda una Pietrastante: grazie a essa, Piplup non avrà più bisogno di usare Pazienza per bloccare l'evoluzione!

Incidenti di percorso

Piplup ha un rapporto complicato con il Gible di Ash. Ogni volta che il secondo cerca di usare Dragobolide, infatti, anziché far esplodere la meteora in cielo, la mossa ricade al suolo andando a colpire sempre Piplup, ovunque si trovi! Un giorno, durante una sessione di allenamento di Ash, il Pokémon Pinguino viene bersagliato dalla mossa tantissime volte. Quando poi sente Lucinda dire che il povero Gible non l'ha fatto apposta, è così risentito da decidere di abbandonare il gruppo. Purtroppo sul suo cammino incontra il Team Rocket travestito, che finge di volersi occupare del suo caso di maltrattamento. Si fa anche convincere a portare con sé Pikachu, scoprendo l'inganno solo quando vengono rinchiusi in una gabbia. Fortunatamente, è proprio l'ennesimo Dragobolide di Gible che gli piomba addosso a permettere a Lucinda, Ash e Brock di scoprire dove si trovano. Durante la lotta con i cattivi, Piplup viene colpito nuovamente, questa volta dalle Frustate di Carnivine, che sono la goccia che fa traboccare il vaso: il Pokémon Pinguino si arrabbia talmente tanto da sprigionare una potentissima Idropompa che in un colpo solo sconfigge Carnivine e tutto il Team Rocket. Purtroppo questo non è sufficiente per risolvere il problema con Gible, ma ci penserà poi Togekiss a proteggere Piplup rispedendo i colpi al mittente e sgridando il Pokémon di Ash finché non imparerà a usare Dragobolide correttamente.

PIPLUP DI LUCINDA

L'orgoglio di un Pokémon

Piplup condivide con gli altri esemplari della sua specie un fortissimo orgoglio, che si contrappone spesso alla sua goffaggine. Si mostra sempre impettito e tende a infatuarsi facilmente, mettendosi in mostra per cercare di conquistare i suoi interessi amorosi, ma con esiti deludenti.

Il Grand Festival di Sinnoh

Dopo aver aiutato Lucinda a vincere il suo quinto fiocco ad Auroropoli, Piplup torna in campo durante il Grand Festival. Insieme a Pachirisu, supera il terzo round delle qualificazioni nei Round di Lotta, poi Lucinda lo sceglie per la finale contro la sua rivale, Zoey. Il suo compagno è Togekiss e gli avversari sono un Glameow e un Gallade. L'inizio è tutto in salita: la loro Forzasfera-Bollaraggio viene demolita dagli avversari, che la usano per mettersi in mostra e far perdere punti a Lucinda. Il Bruciapelo di Glameow impedisce poi a Piplup di usare Idropompa. Finalmente Mulinello Aureo riesce a contrastare la combinazione Segno-Coda di Segnoraggio e Codacciaio avversaria, facendo perdere dei punti anche a Zoey. Dopo una serie di elaborate strategie, Lucinda recupera parte dello svantaggio quando ormai il match è agli sgoccioli e c'è giusto il tempo per un'ultima mossa. La ragazza lancia la Formazione Razzo: la potenza della combinazione è tale da rimetterla in parità con Zoey per la prima volta dall'inizio dell'incontro! L'avversaria risponde con Psicotaglio potenziato dal Fulmine di Glameow e le due mosse si scontrano, creando un'esplosione che toglie quasi tutti i punti a entrambe le finaliste. Alla fine è Zoey a vincere il Grand Festival... Piplup e Lucinda però non si abbattono e decidono di andare a Hoenn e provare ad affrontare nuove Gare insieme.

Doppia Performance

Nelle Gare di Doppia Performance il Coordinatore deve usare due Pokémon nel Saggio di Recitazione e affrontare Lotte in Doppio nei Round di Lotta. È necessario quindi studiare soluzioni che mettano in luce le qualità di entrambi i Pokémon. I Coordinatori più esperti inventano allora delle combinazioni, la fusione di attacchi di due Pokémon differenti che insieme diventano molto più appariscenti e potenti. A volte basta la sola attivazione della combinazione per far perdere punti all'avversario!

Vacanze a Unima

Piplup segue Lucinda durante il suo viaggio a Unima per partecipare alla Coppa Junior del Pokémon World Tournament. Durante la visita a Spiraria, in cui sono ospiti della Campionessa Camilla, ritrovano il vecchio compagno di viaggio Ash e i suoi nuovi amici, Iris e Spighetto. Fanno anche conoscenza del Pokémon misterioso Meloetta, che sta seguendo Ash da qualche tempo. Proprio Meloetta è motivo di scontro tra Piplup e uno dei nuovi Pokémon del ragazzo, Oshawott, poiché sono entrambi infatuati del Pokémon Melodia. Ma non c'è tempo per i litigi: Spighetto è curioso di comprendere meglio lo stile di lotta di una Coordinatrice e sfida Lucinda in un incontro Pokémon! La ragazza sceglie Piplup per affrontare Pansage. Nonostante lo svantaggio di tipo, il Pokémon Pinguino tiene testa all'avversario, finché Meloetta non inizia a ballare, interrompendo la lotta. Qualche giorno dopo, il gruppo decide di prendersi una pausa dagli allenamenti e di visitare un'isola lì vicino abitata da un gruppo di Onix, tra cui si dice sia presente anche un esemplare speciale. Durante l'esplorazione, Piplup mette da parte la propria rivalità con Oshawott e si allea con lui per proteggere Meloetta dai numerosi attacchi degli Onix selvatici. Tuttavia, i loro sforzi non bastano, i Pokémon Serpesasso sono troppo arrabbiati! Fortunatamente interviene l'Onix capobranco, che è un rarissimo esemplare cromatico, a calmare gli animi e a mettere tutti in sicurezza. Piplup lotta un'ultima volta a Unima nel primo round della Coppa Junior del Pokémon World Tournament e vince l'incontro contro lo Stoutland di Ramone. Quindi, a torneo terminato, riparte con la sua Allenatrice alla volta di Ebanopoli, nella regione di Johto, per partecipare alla nuova edizione della Coppa Adriano.

FORSE NON SAPEVI CHE...

- Piplup è il secondo Pokémon della serie animata a bloccare la sua evoluzione durante il processo. Il primo era stato il Bulbasaur di Ash.

- Nonostante non gli dispiaccia stare nella Poké Ball, al contrario del Pikachu di Ash, Piplup resta quasi sempre all'esterno, persino di notte, e dorme spesso con la sua Allenatrice.

- Nella serie animata, Piplup è il Pokémon ad aver usato più mosse combinate nelle Gare Pokémon. Nonostante questo, non ne ha mai fatta una con Buneary, che si è unita a Lucinda poco dopo l'inizio del suo viaggio ed era presente in ogni Gara Pokémon.

- Quando Piplup non partecipa a una Gara, è solito fare il tifo dagli spalti o da bordo campo vestito da cheerleader o da majorette.

PIPLUP

DEDENNE DI LEM

Evoluzioni

Dedenne
Pokémon Antenna
Pronuncia: Dedènne
Tipo: Elettro-Folletto
Regione: Kalos
Altezza: 0,2 m
Peso: 2,2 kg

Non riuscendo a produrre molta elettricità, la ruba dalle prese di corrente o da altri Pokémon di tipo Elettro.

Non si conoscono evoluzioni di questo Pokémon.

Mosse usate

Tuonoshock
Dedenne lancia delle saette dalle guance che colpiscono l'avversario.

Elettrococcola
Dedenne si avvicina all'avversario dopo essersi strofinato le guance e gli dà una scossa.

Azione
Dedenne si lancia contro il nemico, colpendolo con tutto il corpo.

DEDENNE DI LEM

Coccole... elettrizzanti!

Dedenne incontra Lem e Clem mentre stanno accompagnando Ash Ketchum a Novartopoli, nella regione di Kalos, in una foresta del Percorso 4. Il Pokémon sta cercando di staccare una bacca da un albero, ma gli sfugge e cade in testa a… Pikachu! Dedenne scende dalla pianta per recuperarla. Appena Clem lo vede, nota quanto sia carino e chiede al fratello di catturarlo in modo che lo possa tenere finché lei non diventerà abbastanza grande da essere un'Allenatrice. Ma quando Clem cerca di avvicinare Dedenne, un Fletchling scende all'improvviso in picchiata e si mangia la bacca! Il povero Dedenne scappa via spaventato, ma resta nei paraggi.

Poco dopo, quando il gruppo si ferma a riposare, Dedenne si avvicina a Clem per rubarle un po' di cibo Pokémon che sta dando a Pikachu prima di scappare su un albero a mangiarlo. Clem prega teneramente il fratello di riprovare a catturarlo. I tre ragazzi iniziano quindi a inseguire Dedenne, mentre Pikachu e Bunnelby lo rincorrono attraverso una serie di buche nel terreno. Durante la fuga, però, un cunicolo cede e Dedenne viene inaspettatamente sbalzato fuori da una parete rocciosa insieme a Pikachu. A peggiorare la situazione arriva il Team Rocket, che cerca di rapire i Pokémon! I due tipi Elettro riescono ad allontanarsi, ma Dedenne si accascia a terra, stremato. Quando vengono ritrovati da Ash, Clem e Lem, quest'ultimo prova a far riprendere Dedenne grazie al "Generatore di elettricità"… un dispositivo da lui inventato che tuttavia non è in grado di fermare e finisce per esplodere! Dedenne torna comunque in forze e riesce a sconfiggere il Team Rocket, che è tornato alla carica. Subito dopo, Lem cattura Dedenne e lo lascia fuori dalla Poké Ball così che Clem se ne possa prendere cura, tra un'Elettrococcola e l'altra.

Clem

Clem è la sorella minore di Lem. Ha come principale obiettivo trovare una fidanzata al fratello e questo causa spesso situazioni imbarazzanti. Lem solitamente le risolve trascinando via la sorella con il dispositivo lemmico Braccio Aipom.

Uno scambio inaspettato!

Dedenne ha la tendenza a mangiare molto, senza rendersi conto dei pericoli a cui va incontro nella sua ricerca di cibo. Durante il viaggio a Kalos, quando Lyn prende per sbaglio la borsa di Clem in un Centro Pokémon, si accorge di avere con sé Dedenne anziché il Pichu della sorella Lena! Il Pokémon, tuttavia, non sembra preoccupato tanto del cambio di Allenatrice, quanto dello stato del suo stomaco. Infatti, scappa per andare verso un camion di ciambelle per mangiare uno spuntino e fugge ancora per schiacciare un pisolino in un negozio di pupazzi. Quando Lyn lo ritrova, il piccolo Pokémon nota le scariche elettriche del "Dispositivo d'amplificazione delle onde radio" di Lem e inizia a correre in quella direzione, ma si caccia di nuovo nei guai andando a disturbare un Beedrill! Fortunatamente, Pikachu arriva giusto in tempo per salvarlo e il Pokémon può tornare tra le braccia di Clem.

Lem

Lem è il Capopalestra di Luminopoli e un grande inventore. È famoso per i suoi dispositivi lemmici, invenzioni teoricamente rivoluzionarie che però si rivelano spesso disastrose. Viaggia insieme ad Ash da quando una sua creazione, il Clembot, lo ha cacciato dalla sua stessa Palestra.

Un Drago per amico

Dedenne sviluppa un forte legame di amicizia con il Goodra di Ash, fin da quando era un Goomy, nonostante inizialmente il Pokémon Drago abbia paura di Dedenne per via del tipo Folletto, superefficace contro di lui. Dedenne, infatti, aiuta Goomy difendendolo durante l'ennesimo attacco del Team Rocket. Vedendo anche l'amico in difficoltà, Goomy decide di intervenire usando Pioggiadanza contro i cattivi per rallentarli, permettendo ad Ash e Pikachu di arrivare in tempo. Da questo momento i due Pokémon diventano amici inseparabili. Il favore viene ricambiato quando, in un altro attacco del Team Rocket, Ash, Lem, Clem e Serena vengono rinchiusi in una gabbia.

DEDENNE DI LEM

Dedenne e Goomy, essendo piccoli, riescono a passare attraverso le sbarre per cercare di recuperare la chiave custodita dal Grumpig alleato del malvagio trio. Purtroppo vengono scoperti e Dedenne inizia a difendere Goomy, nonostante l'avversario sia molto forte. Il Pokémon di Ash, vedendo l'amico in difficoltà, prende coraggio e sostituisce Dedenne, evolvendosi in Sliggoo dopo aver subito numerosi attacchi! Con i nuovi poteri acquisiti, il Pokémon Drago riesce facilmente a sconfiggere Grumpig e a proteggere Dedenne.

Un Pokémon dormiglione

Oltre al suo appetito quasi insaziabile, la peculiarità di Dedenne consiste nel dormire praticamente sempre! Il sonno è infatti il mezzo che usa per ricaricare le energie, letteralmente. Alle volte, però, finisce per addormentarsi in momenti poco opportuni, come durante gli attacchi del Team Rocket…

MOMENTO TOP
Un amico è per sempre

Dedenne dimostra di essere affidabile anche per risolvere situazioni critiche. Quando Ash, Lem, Clem e Serena tornano nelle lande desolate a trovare Goodra, che vi era rimasto per proteggere i Pokémon del luogo, è infatti fondamentale per mandare a monte il piano del Team Rocket. Riesce a intrufolarsi senza farsi vedere alle spalle del trio e tenta di aprire a morsi le gabbie in cui i malvagi hanno rinchiuso dei Carbinik. Purtroppo i denti di Dedenne non sono abbastanza forti per rompere il metallo, quindi tenta di distruggerlo con Elettrococcola. Anche questo tentativo non ha successo e, inoltre, attira l'attenzione dei cattivi! Dedenne allora scappa per avvisare Clem e gli altri, che possono intervenire, sconfiggere i tre e liberare i Pokémon catturati!

FORSE NON SAPEVI CHE...

- Dedenne è il primo Pokémon a essere stato catturato da un personaggio principale che non sia Ash in un episodio successivo rispetto a quello in cui è apparso.

- Dedenne è l'unico Pokémon di Lem a non avere una famiglia evolutiva.

- Dopo Pikachu, Dedenne è il Pokémon del gruppo di Ash a Kalos che rimane fuori dalla Poké Ball per più tempo.

- Dedenne ha condiviso parte del suo viaggio nella borsetta di Clem con un Pokémon leggendario, Mollicino, ovvero Zygarde.

- Dedenne comunica con il Pikachu di Ash tramite piccole scariche elettriche che vanno dalla guancia di un Pokémon all'altro: un tipo di linguaggio che nemmeno Meowth riesce a capire.

DEDENNE

CARNIVINE di JAMES

Evoluzioni

Carnivine
Pokémon Insettivoro
Pronuncia: Càrnivain
Tipo: Erba
Regione: Sinnoh
Altezza: 1,4 m
Peso: 27,0 kg

Si attacca agli alberi nelle paludi. Attrae le prede con il dolce aroma della saliva e poi le ingoia.

Non si conoscono evoluzioni di questo Pokémon.

Mosse usate

Morso
Carnivine azzanna l'avversario con i lunghi denti.

Semitraglia
Carnivine spara dalla bocca dei semini gialli che colpiscono il nemico.

Frustata
Carnivine colpisce o stringe l'avversario con due liane che fuoriescono dal suo collo.

Legatutto
Carnivine sfrutta le liane del suo corpo per immobilizzare e stritolare l'obiettivo.

CARNIVINE DI JAMES

L'amico ritrovato

Una volta arrivati a Sinnoh, i tre del Team Rocket si imbattono per caso in una delle ville di campagna della famiglia di James. Ne approfittano per fermarsi a riposare, decidendo nel mentre di ispezionare la casa. Il ragazzo ritrova così una scatola contenente la sua collezione di tappi e, con suo grande stupore, anche una Poké Ball rimasta chiusa lì dentro per tutto quel tempo. James spiega ai suoi compagni che la sfera contiene il Pokémon con cui giocava ogni volta che passava le vacanze in campagna. Infatti appena la lancia ne esce Carnivine che, contento di rivederlo, gli morde subito la testa in segno di affetto. James ricorda il loro primo incontro, nella Gran Palude di Pratopoli: da bambino aveva trovato Carnivine impantanato nel fango e lo aveva trascinato al sicuro, così i due erano diventati immediatamente amici. James è così felice di aver ritrovato il vecchio compagno che decide di prenderlo in squadra e tenerlo con sé nel suo viaggio nella regione all'inseguimento del Pikachu di Ash.

James

James fa parte del trio del Team Rocket insieme a Jessie e Meowth. Ha origini nobili ma, quando i suoi genitori gli impongono un matrimonio di interesse con una ragazza davvero invadente, James rinuncia a una vita di agi e ricchezze per cercare l'avventura. Per questo motivo, trova il suo posto ideale nella malvagia organizzazione, grazie alla quale può girare il mondo alla ricerca di Pokémon rari e potenti da regalare al capo Giovanni.

Nuovi Pokémon, vecchi obiettivi

Sulla strada per Giubilopoli, il gruppo di Ash decide di seguire una Buneary che Lucinda vuole assolutamente catturare. Quando scende la notte, i ragazzi si fermano a dormire in un bosco. Jessie e James sfruttano l'occasione: si travestono da albergatori e offrono loro un letto caldo in una locanda, così da poter catturare indisturbati Pikachu. Tuttavia l'edificio è finto e la sua facciata è costituita solo da una sagoma di cartone che una folata di vento fa cadere, rivelando l'inganno! Ormai colti in flagrante, i tre passano all'attacco e James sceglie di schierare il suo Carnivine. Lucinda lo affronta con Piplup e ordina al Pokémon di usare Bollaraggio, ma l'avversario mangia le bolle! Lucinda, essendo un'Allenatrice alle prime armi, non sa che gli attacchi di tipo Acqua non sono efficaci contro Pokémon di tipo Erba. Carnivine ribatte allora con Morso ma, prima che possa fare danni a Piplup, arriva a sorpresa Nando, un menestrello errante che non tollera le ingiustizie. L'uomo utilizza il suo Budew per respingere Carnivine, prima di ordinare una Semitraglia che spedisce in orbita il Team Rocket!

Un collezionista nato

A James non piace solo scovare i Pokémon più rari: è anche un vero collezionista! Ha la passione per tutte le tipologie di Poké Ball ma soprattutto per i tappi: ne possiede di tantissimi tipi diversi e ci è molto affezionato. Spesso, purtroppo, Jessie li vende a sua insaputa per finanziare i loro piani malvagi…

Un Pokémon perfetto per le Gare

A Sinnoh Jessie decide di continuare a partecipare alle Gare Pokémon e spesso chiede a James di prestarle il suo Carnivine per le competizioni. Il Pokémon è felicissimo di esibirsi e fa il suo debutto nella Gara di Giubilopoli al fianco di Jessilina, lo pseudonimo che la ragazza usa per non farsi riconoscere. Nel Saggio di Recitazione, dopo essere uscito da una Poké Ball con l'Amorbollo, Carnivine utilizza Semitraglia per colpire e distruggere i lecca lecca che Jessilina ha lanciato in aria, creando delle esplosioni di luce a forma di falce, prima di usare Morso sulla testa della ragazza.

In questo modo la coppia impressiona pubblico e giudici e passa al Round di Lotta. I due riescono ad arrivare alla finale, dove affrontano la nuova rivale di Lucinda, Zoey, e il suo Glameow. Carnivine passa subito in vantaggio: riesce a bloccare l'avversario con Legatutto, così Jessilina ordina un Morso. Glameow, tuttavia, si libera con Ombrartigli prima di attaccare con Sfuriate. Il Pokémon Insettivoro prova a rispondere con Semitraglia, ma Zoey ordina di evitarlo e di colpire con Codacciaio, mandando Carnivine al tappeto. Jessilina non ha vinto il fiocco, ma in compenso ha trovato un Pokémon ideale per affrontare le future Gare Pokémon!

MOMENTO TOP
Un Carnivine per due Coordinatori!

Jessie utilizza nuovamente Carnivine nella Gara di Ciocovitopoli e insieme riescono ad accedere alla semifinale. Qui incontrano Ursula, un'altra delle rivali di Lucinda, e la sua Gabite, un Pokémon di doppio tipo Drago-Terra. Nonostante la coppia del Team Rocket faccia del suo meglio, Gabite è un'avversaria troppo esperta e vince. Jessie però non si arrende e punta ad aggiudicarsi il fiocco di Città di Ninfea. Sfortunatamente, il giorno della Gara si ammala, così James prende il suo posto travestendosi da Jessilina. Dopo essere arrivato fino al Round di Lotta, il ragazzo sceglie il suo Carnivine per affrontare il Mamoswine di Lucinda. Quando l'avversario lo attacca con Geloscheggia, James ordina al Pokémon Insettivoro di usare Frustata per rubare la sfera di ghiaccio creata dal nemico, che si infuria. Dopo averci giocato un po', Carnivine lancia la palla contro il Pokémon Duezanne, colpendolo in pieno. Mamoswine si arrabbia ancora di più e parte all'assalto senza ascoltare la sua Allenatrice, così James sfrutta l'occasione per far perdere punti alla ragazza ordinando semplicemente a Carnivine di evitare la carica avversaria saltando. Dopo uno scontro tra Introforza e Semitraglia, il Pokémon di James schiva con eleganza una Palla Clima per poi concludere l'incontro con Frustata. Al termine dei cinque minuti di tempo, Jessilina ha molti più punti di Lucinda e vince il fiocco!

Un Pokémon affettuoso

James e Carnivine sono molto uniti anche se si sono persi di vista per lungo tempo. Ogni volta che Carnivine esce dalla propria Poké Ball non esita un secondo a mordere e abbracciare James in segno di affetto. Gli vuole talmente bene che in un'occasione, vedendolo in pericolo, impara Frustata solo per salvarlo!

Una Gara di coppia

Per vincere il quarto fiocco, Jessilina sceglie di usare Carnivine anche nella Gara Pokémon di Auroropoli, che prevede la Doppia Performance. Stranamente, non fa uscire il Pokémon dalla Poké Ball, ma lo fa salire sul palco chiamandolo "Carnivine Rocket", stupendo tutti i presenti che si aspettavano un'entrata in scena spettacolare grazie ai Bolli. Jessilina, infatti, vuole sorprendere pubblico e giuria e inizia a suonare un flauto a forma di Arbok: Carnivine si esibisce in una danza, al termine della quale apre la bocca rivelando al suo interno una Poké Ball in capsula! Dalla sfera esce il Seviper di Jessie, pronto a esibirsi con il compagno. Jessilina ordina al Pokémon Zannaserpe di ruotare su se stesso, e così facendo Seviper crea una specie di anello rotante che si solleva in aria venendo poi colpito dalla Semitraglia di Carnivine. L'effetto delle mosse combinate è spettacolare: una cascata di scintille riempie tutta l'arena. Per concludere l'esibizione, Seviper torna a terra e avvolge la sua Allenatrice nelle spire, mentre il Pokémon di James salta in aria creando una nuova esplosione di luce. Lo spettacolo è così emozionante che Jessilina passa il turno, accedendo alla Gara di Lotta!

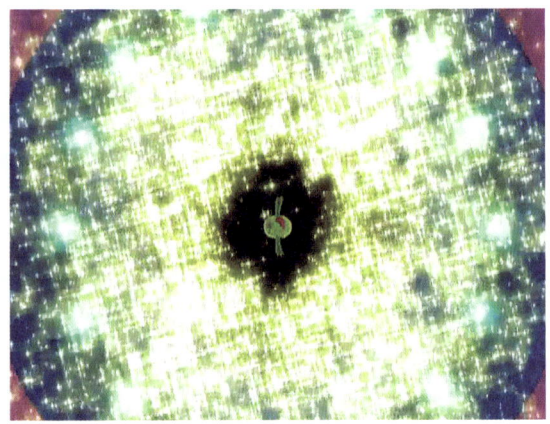

FORSE NON SAPEVI CHE...

- Carnivine non è l'unico Pokémon di James a dimostrargli affetto in modo estremo: Victreebel cercava di ingoiarlo in un boccone, mentre Cacnea lo stringeva in un abbraccio spinoso. Mareanie, invece, gli si avvolge intorno alla testa, avvelenandolo!

- Carnivine è in grado di volare usando la levitazione anche se non è un Pokémon di tipo Volante.

- Il Carnivine di James è l'unico esemplare della sua specie che Ash abbia incontrato finora.

- Nella serie animata viene mostrato il primo incontro tra James e Carnivine e l'inizio della loro amicizia ma non la sua cattura.

CARNIVINE

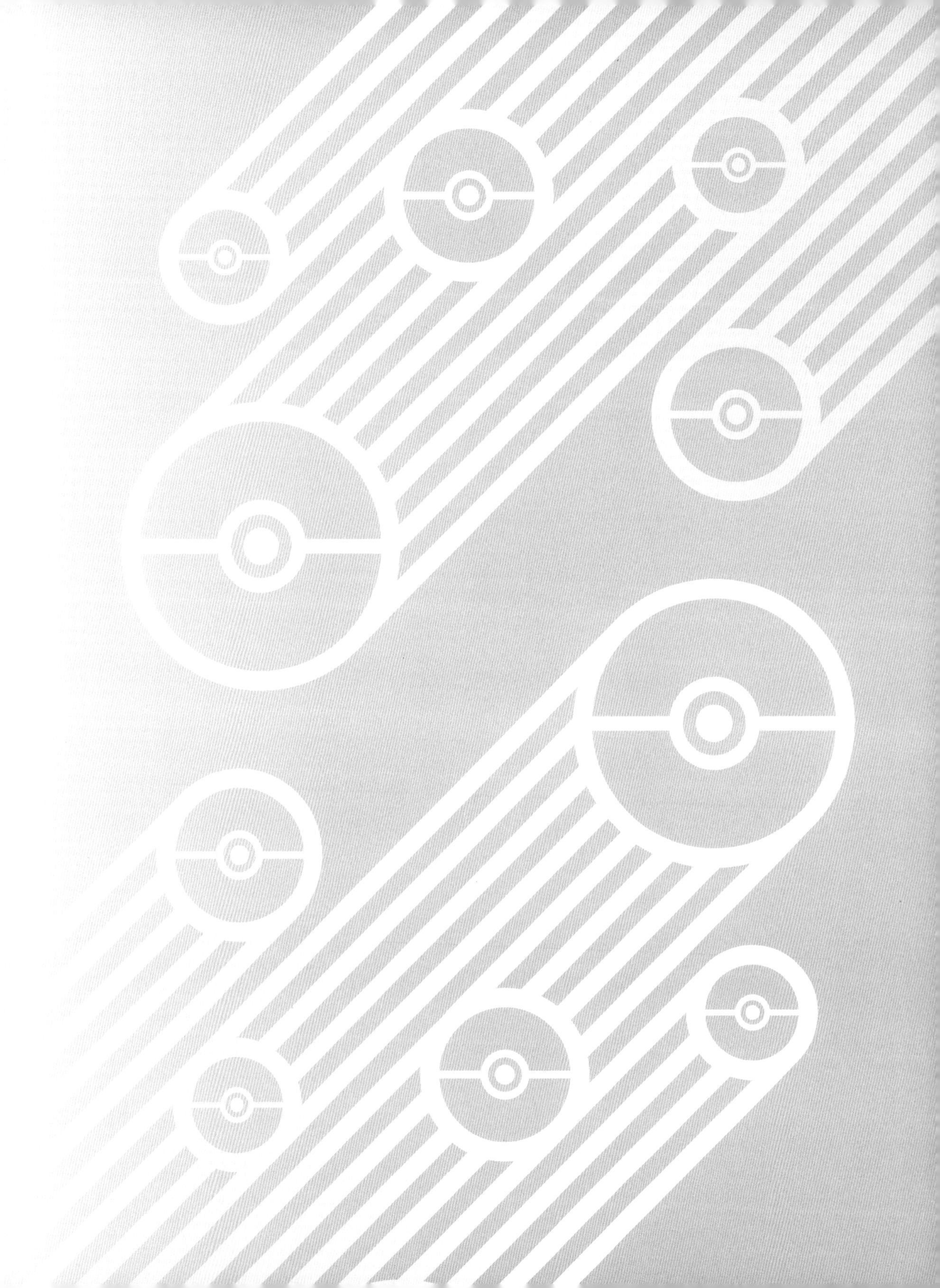

PSYDUCK DI MISTY

Evoluzioni

Psyduck
Pokémon Papero
Pronuncia: Psàidac
Tipo: Acqua
Regione: Kanto
Altezza: 0,8 m
Peso: 19,6 kg

Più è stressato, più il suo mal di testa si fa intenso. Con i suoi incredibili poteri psicocinetici travolge chiunque nelle vicinanze.

Non si conoscono evoluzioni di questo Pokémon.

Mosse usate

Colpocoda
Psyduck dà le spalle all'avversario e comincia a muovere la coda velocemente a destra e sinistra, indebolendolo.

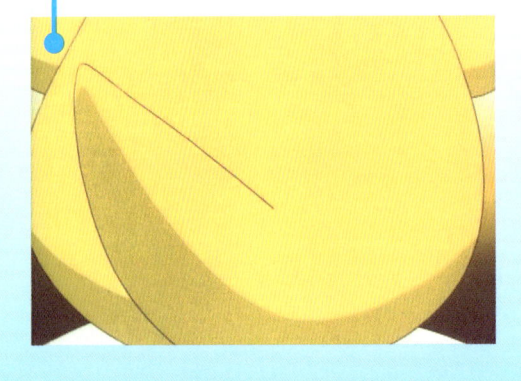

Graffio
Con gli artigli, Psyduck graffia il nemico.

Mosse usate

Inibitore
La testa di Psyduck emette delle onde psichiche blu verso l'avversario, impedendone i movimenti.

Confusione
Gli occhi di Psyduck si illuminano di azzurro e il Pokémon emana delle onde psichiche blu che sollevano l'avversario e lo scagliano via.

Pistolacqua
Dal becco di Psyduck fuoriesce un potente getto d'acqua che colpisce il nemico.

Psichico
Gli occhi di Psyduck brillano e, grazie a straordinari poteri psichici, scaglia via l'avversario.

Un mistero da risolvere

Quando Ash, Misty e Brock arrivano alla Città di HopHopHop, scoprono che diversi bambini sono scomparsi. Si offrono quindi di aiutare l'Agente Jenny nell'indagine. Giunti al Centro Pokémon, l'Infermiera Joy li informa che i Pokémon ricoverati, tra cui uno Psyduck, appaiono strani e privi di energia. A un certo punto, uno dei dispositivi che Jenny ha in dotazione rileva delle onde soporifere che indeboliscono anche Pikachu. Per risolvere il mistero, il gruppo ne segue le tracce e giunge sul tetto di un grattacielo, dove trova una villa enorme! È la sede del circolo "Gli amanti dei Pokémon", un gruppo di nobili che amano queste creature e usano le abilità ipnotiche di un Hypno per dormire meglio. Peccato che l'Ipnosi abbia degli effetti collaterali, al punto che presto Misty si convince di essere un Seel! La ragazza scappa e, quando gli amici riescono a raggiungerla, la trovano nel giardino della villa assieme a tutti i bambini scomparsi, anche loro ipnotizzati e convinti di essere dei Pokémon. Mistero risolto! Per riportare la situazione alla normalità, il club sfrutta il proprio Drowzee per risvegliare tutti, compresi i Pokémon affaticati. O meglio: tutti tranne lo Psyduck ricoverato al Centro Pokémon, che continua a stringersi la testa tra le zampe. Grazie al Pokédex, si scopre che il Pokémon Papero soffre costantemente di emicrania, quindi le onde ipnotiche non c'entravano niente! Quando Psyduck comincia a seguire il gruppo, Brock suggerisce a Misty di catturarlo, ma la ragazza non vuole. Tuttavia, accidentalmente inciampa e cade, e nel mentre una delle sue Poké Ball rotola verso Psyduck, che la tocca con il becco e si cattura da solo... Un nuovo Pokémon per Misty!

Una Capopalestra professionale

Dopo il viaggio con Ash, Misty torna a ricoprire il ruolo di Capopalestra a Celestopoli. Affronta gli sfidanti con serietà, ma capisce anche quando è il momento di interrompere uno scontro, come nella lotta contro Suiren e Ibis.

PSYDUCK DI MISTY

MOMENTO TOP

È nata una star!

Durante l'allenamento di Ash prima del Torneo della Lega dell'Altopiano Blu, il gruppo incontra il famoso regista cinematografico Cleavon Schpielbunk, che sogna di girare un film con soli Pokémon. La star della pellicola è il Wigglytuff del regista stesso ma, a causa del suo carattere permaloso e irascibile, nessuno vuole più recitare al suo fianco. Per questo motivo, Schpielbunk apre i provini per nuovi attori. Misty vorrebbe candidare il suo Staryu, ma Psyduck esce da solo dalla Poké Ball e ne prende il posto. Dopo le prime esibizioni, Wigglytuff si arrabbia, così tutti i Pokémon si ritirano. Psyduck però, non capendo la situazione, rimane sul palco e quindi viene eletto co-protagonista! Durante le riprese, il solito Team Rocket cerca di rapire i Pokémon del set, compreso Wigglytuff. Psyduck allora mette a frutto i suoi poteri psichici e usa Confusione per liberare tutti i Pokémon. Wigglytuff ne resta così impressionato da convincersi a recitare con lui. Sconfitti i cattivi, vengono concluse le riprese e il film è pronto: Psyduck sarà una star!

Un'emicrania per la vita

La caratteristica principale di Psyduck è la sua perenne emicrania, che lo porta costantemente a stringersi la testa tra le zampe. Non tutti i mali vengono per nuocere, però: quando il dolore raggiunge il culmine, scatena i suoi poteri psichici, che gli permettono di usare Confusione e Psichico per sconfiggere gli avversari con un solo colpo!

A piena potenza

Nella regione di Johto il gruppo incontra un ragazzo di nome Dorian, che è il Capopalestra della Palestra Coastline, una struttura non ufficiale. Ash e Misty lo sfidano in un match subacqueo, a cui Psyduck non partecipa perché non è capace di nuotare. Mentre osserva la lotta, arriva il Team Rocket per rapire tutti i Pokémon presenti. Nel tentativo di salvarlo, anche Misty viene catturata dal trio. Psyduck si arrabbia e, dopo aver ritrovato i cattivi, si prepara ad affrontarli. Viene colpito dal Morso dell'Arbok di Jessie e dal Foglielama del Victreebel di James, che gli provocano un'emicrania abbastanza dolorosa da permettergli di usare Confusione per contrattaccare. Nella stessa occasione impara Psichico, una mossa ancora più potente, e la usa per spedire in orbita i tre. Subito dopo, Dorian gli fa i complimenti per la potenza e dice a Misty che, se lo avesse usato nel loro incontro, avrebbe vinto sicuramente. Psyduck, però, non ricorda nulla di quanto accaduto…

Un legame che cresce piano piano

Fin dall'inizio, il rapporto tra Misty e Psyduck non è stato facile. La ragazza lo riteneva un Pokémon inutile e stupido: per questo lo usava poco nelle lotte e si lamentava del suo comportamento. Con il passare del tempo, però, i due sono diventati inseparabili e Psyduck ha conquistato l'affetto dell'Allenatrice, diventando addirittura il suo Pokémon preferito.

Un Pokémon perfetto per Misty

Durante la gita a Kanto degli studenti della Scuola di Pokémon di Alola, a Suiren e Ibis viene data la possibilità di affrontare Misty in una lotta due contro uno come parte del percorso di studi. Per affrontare il Popplio di Suiren e la Steenee di Ibis, la Capopalestra decide di schierare solo Psyduck. Il Pokémon Papero viene colpito in rapida successione da Fogliamagica e Bollaraggio, a cui risponde con Pistolacqua. Popplio, però, crea un pallone che la assorbe e lo lancia verso Psyduck, intrappolandolo al suo interno. Misty ordina al suo Pokémon di usare Confusione, ma lui non capisce e viene colpito nuovamente dalla Fogliamagica di Steenee. Cade a terra e sbatte il cranio, così gli viene il mal di testa necessario per usare finalmente Confusione. Dopo aver sollevato da terra gli avversari, Misty lo ferma e gli ordina di far tornare al suolo Popplio e Steenee, ponendo fine all'incontro. Subito dopo, Psyduck inizia a lamentarsi e a piangere, così la ragazza spiega a Ibis e Suiren che ha cominciato solo in quel momento a provare dolore per la botta di prima, ma lo rincuora abbracciandolo e dicendogli che è il Pokémon più dolce che esista.

FORSE NON SAPEVI CHE...

- Secondo Misty, Psyduck è talmente sciocco da non sapere quanto è sciocco.

- Nonostante sia un Pokémon di tipo Acqua, Psyduck non è capace di nuotare.

- Psyduck ha l'abitudine di uscire da solo dalla sua Poké Ball, anche quando non viene richiesto il suo intervento. Questo causa spesso dei problemi alla sua Allenatrice.

- Psyduck ha impiegato tanto tempo per perfezionare Pistolacqua. Inizialmente dal suo becco usciva solo un rigagnolo, mentre ora è un vero e proprio getto d'acqua!

- Psyduck è un golosone, mangia di tutto e non si ferma davanti a niente: è in grado di trangugiare un'anguria intera in un sol boccone!

PSYDUCK

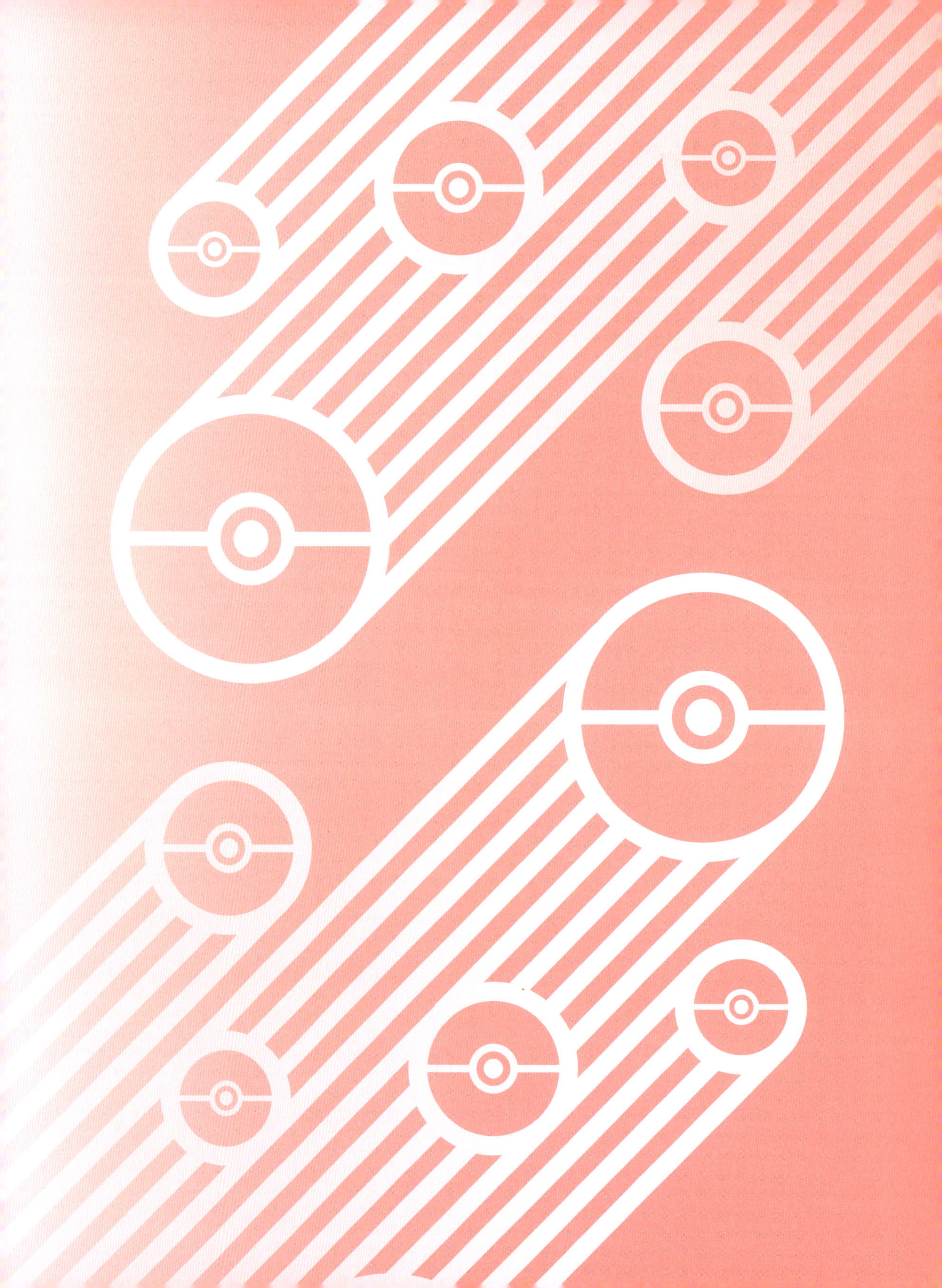

SCEPTILE DI ASH

Evoluzioni

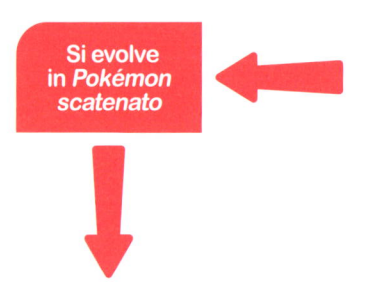

Treecko
Pokémon Legnogeco
Pronuncia: Trìcco
Tipo: Erba
Regione: Hoenn
Altezza: 0,5 m
Peso: 5,0 kg

Treecko si arrampica sui muri grazie a minuscoli uncini sulle zampe. Affronta con calma anche gli avversari più forti.

Si evolve in *Pokémon scatenato*

Grovyle
Pokémon Legnogeco
Pronuncia: Gróvail
Tipo: Erba
Regione: Hoenn
Altezza: 0,9 m
Peso: 21,6 kg

Grovyle si sposta velocemente di ramo in ramo. Le foglie sul suo corpo gli permettono di mimetizzarsi.

Si evolve in *Rivali in amore*

Sceptile
Pokémon Foresta
Pronuncia: Sèptail
Tipo: Erba
Regione: Kanto
Altezza: 1,7 m
Peso: 52,2 kg

Sulla schiena di Sceptile crescono foglie affilate, che usa in combattimento, e semi fertilizzanti con cui nutre gli alberi.

SCEPTILE DI ASH

Mosse usate

Fendifoglia
Le quattro foglie sui polsi di Sceptile si illuminano di verde e si uniscono. Sceptile attacca poi l'avversario.

Semitraglia
Sceptile lancia dalla bocca una raffica di semi che colpiscono l'avversario.

Botta
Sceptile colpisce l'avversario con la coda.

Attacco Rapido
Sceptile si muove rapidissimo lasciando una scia bianca dietro di sé e colpisce l'avversario.

Verdebufera
I semi sulla schiena di Sceptile iniziano a brillare di bianco e rilasciano contro l'avversario una raffica di foglie avvolte in un bagliore verde.

Solarraggio
Sceptile carica l'attacco assorbendo la luce dai semi sulla schiena e la emette dalla bocca.

Agilità
Sceptile inizia a muoversi molto velocemente lasciando una scia bianca dietro di sé e aumentando la propria velocità.

La cattura

All'inizio del suo viaggio nella regione di Hoenn, mentre si sta dirigendo verso Ferrugipoli, Ash Ketchum incontra un Treecko particolare con un rametto in bocca. Il Pokémon Legnogeco vive insieme ad altri della sua specie su un grande e vecchio albero che ha perso tutte le foglie. Inizialmente Treecko è particolarmente diffidente nei confronti del ragazzo, ma cambia atteggiamento appena Ash lo aiuta a mettere in fuga il malvagio Team Rocket che ha cercato di catturare i suoi amici. Quando l'albero si spezza e i Treecko devono abbandonarlo per cercare un'altra casa, Ash decide di sfidare il Treecko in una lotta usando il suo Pikachu. Treecko resiste ai primi attacchi elettrici del Pokémon Topo, ma alla fine viene sconfitto e catturato dal giovane Allenatore.

Ash a Hoenn

Hoenn è la terza grande regione visitata da Ash. Qui il ragazzo incontra due nuovi compagni di viaggio, Vera e il fratellino Max, e ritrova l'amico fidato Brock. Conquista tutte le Medaglie delle Palestre della regione e accede ai Campionati di Hoenn, arrivando ai quarti di finale.

Le prime lotte

La lotta di Treecko nella Palestra di tipo Roccia a Ferrugipoli, la prima della regione, non va benissimo… L'avversario è il Geodude di Petra che, essendo di tipo Roccia-Terra, ha una doppia debolezza contro il tipo Erba. Treecko però conosce solo mosse di tipo Normale, che non sono molto efficaci. Ash dà il via alla sfida con Attacco Rapido, ma Geodude contrattacca con Megapugno e fa volare via Treecko. Il Pokémon cerca di reagire con Botta, Geodude risponde con Rotolamento. Treecko schiva la mossa, ma viene subito raggiunto da un altro Megapugno che lo porta a un inevitabile KO! Treecko si trova in difficoltà anche nella sua seconda lotta in Palestra, a Bluruvia, dove viene sconfitto dall'Hariyama del Capopalestra Rudi. Treecko e Ash però non si arrendono facilmente e, dopo un'intensa sessione di allenamento, chiedono la rivincita. Treecko scende in campo contro un Machop, e sfrutta abilmente il campolotta per schivare i colpi e attaccarlo. Per non affaticarlo troppo, a metà dell'incontro Ash lo richiama nella sua Poké Ball, rimandandolo in campo dopo la sconfitta di Corphish. Treecko ritrova Hariyama e sfrutta la sua agilità per colpirgli le gambe con Botta, fuggendo prima che possa reagire. Alla fine, Treecko sferra la Botta decisiva e ha la meglio sull'avversario: Ash vince la Medaglia Pugno!

SCEPTILE DI ASH

Un rametto per la vita

La peculiarità dello Sceptile di Ash è tenere in bocca un rametto con una fogliolina fin da quando era un Treecko. La sua storia è un mistero, ma tutti sono certi che non sia possibile vederlo senza!

L'evoluzione in Grovyle

Nel corso del viaggio verso Petalipoli in cerca della sua quinta Medaglia, Ash incontra Guy, un Allenatore con un Loudred, e la lotta ha inizio. Dopo uno scambio di mosse, lo scontro prende una piega inaspettata: Treecko e Loudred si evolvono contemporaneamente in Grovyle ed Exploud! La lotta riprende e i due Pokémon si affrontano con nuove mosse appena imparate: Fendifoglia e Granvoce. L'incontro si interrompe inaspettatamente quando Exploud smette di obbedire al suo Allenatore e scappa via, travolgendo Grovyle nella corsa…

Capipalestra e… Superquattro?

Dopo aver contribuito in modo determinante alla vittoria di Ash della Medaglia Piuma contro Alice, Grovyle ha l'opportunità di lottare contro Drake, uno dei Superquattro di Hoenn! Ash lo schiera contro il suo Altaria, un Pokémon dalle grandi ali di cotone. Vuole sfruttare la sua agilità di movimento e di salto per raggiungere l'avversario in volo, ma Grovyle finisce per essere sconfitto.
L'ultima lotta in Palestra di Grovyle avviene sull'isola di Ceneride, al largo delle coste di Hoenn. Affronta il Luvdisc del Capopalestra di tipo Acqua Rodolfo, un piccolo Pokémon rosa a forma di cuore. L'aspetto innocuo non deve però trarre in inganno: Luvdisc si dimostra un avversario formidabile, che confonde Grovyle con Dolcebacio prima di mandarlo al tappeto con una potente Pistolacqua!

La sfida finale: i Campionati di Hoenn

Ai Campionati di Hoenn, Ash fa molto affidamento su Grovyle, rendendolo un membro indispensabile della squadra. Le sue vittorie contro un Quilava e un Walrein di due concorrenti sono, infatti, fondamentali per portare il suo Allenatore agli ottavi di finale. Qui affronta e sconfigge lo Steelix di Morrison, un nuovo amico e rivale di Ash. Arrivato ai quarti del torneo, Ash sceglie Grovyle contro Tyson e il suo Metagross, un Pokémon di doppio tipo Acciaio-Psico. Grovyle dà il meglio di sé, ma l'avversario si dimostra troppo esperto e lo sconfigge. Il Pokémon di Ash è riuscito comunque ad assestare abbastanza danni da permettere a Pikachu, che prende il suo posto, di mandare al tappeto Metagross!

Una nuova sfida a Kanto con evoluzione

Tornato a Kanto per affrontare il Parco Lotta, Ash scopre che Grovyle non è immune al fascino degli altri Pokémon: si innamora infatti di una Meganium e addirittura si evolve in Sceptile per salvarla dal Team Rocket e conquistarla! L'amore non è però corrisposto… Per lo shock il povero Sceptile non riesce a usare le sue mosse. È un momento critico per il Pokémon di Ash, persino più difficile delle sconfitte subite. Ma quando il suo Allenatore si trova in pericolo a causa del Team Rocket, Sceptile riacquista tutto il suo coraggio. Usando Fendifoglia, Attacco Rapido e Semitraglia, salva il ragazzo da una rovinosa caduta e recupera la capacità di lottare. Dopo aver dimostrato al suo Allenatore una rinnovata fiducia in se stesso, Sceptile viene scelto da Ash nella sfida per il Simbolo Spirito contro Spartaco, uno degli Assi del Parco Lotta. Il Pokémon Foresta sfrutta le sue caratteristiche nell'incontro che si svolge su un campolotta particolare: un'intera giungla! Sceptile salta di albero in albero per sconfiggere Shiftry. Poco dopo, mentre affronta il Claydol dell'avversario, impara una nuova, potentissima mossa: Solarraggio. Con questo attacco, Sceptile chiude l'incontro che vale ad Ash il Simbolo Spirito!

Un Pokémon orgoglioso

Lo Sceptile di Ash è un Pokémon calmo e padrone di sé. Oltre che per il rametto che tiene sempre in bocca, si contraddistingue per il suo orgoglio. Spesso, infatti, pur di non arrendersi, si ritrova in situazioni di pericolo. Prima di evolversi in Sceptile, era solito stuzzicare i Pokémon del suo Allenatore, anche se nei momenti del bisogno si è sempre schierato in loro difesa per proteggerli.

Una lotta fuori dal comune

Arrivati a Terracotta, ultima tappa del loro viaggio a Kanto, Sceptile viene usato nella prima Gara Pokémon a cui Ash abbia mai partecipato. In finale, il ragazzo affronta la sua amica Vera, così Sceptile si trova a lottare contro l'esperto Blaziken della ragazza. A differenza dei normali incontri, nel Round di Lotta delle Gare l'importante non è sconfiggere l'avversario, ma fargli perdere più punti possibile entro il tempo limite. Inizialmente, Blaziken schiva gli attacchi di Sceptile. Ash, però, presto capovolge la situazione. Quando i due Pokémon sono al limite delle loro forze, attivano le loro abilità Erbaiuto e Aiutofuoco, che potenziano rispettivamente le mosse Erba e Fuoco. Sceptile e Blaziken attivano le loro mosse più potenti, Solarraggio e Vampata, e, quando il tempo a disposizione termina, i due hanno lo stesso punteggio! Sia Ash sia Vera vengono dunque dichiarati vincitori, così Sceptile divide in due il fiocco ottenuto in modo che entrambi possano avere un ricordo di questa entusiasmante esperienza.

MOMENTO TOP

La forza dei legami

Sceptile torna nella squadra di Ash a Sinnoh per disputare la semifinale della Lega del Giglio della Valle. Affronta il temibile Darkrai di Tobias, un Pokémon misterioso estremamente potente che da solo ha sconfitto tutti i precedenti avversari. La lotta inizia con un ritmo serratissimo: Sceptile schiva un Geloraggio e parte alla carica, prima con Attacco Rapido, poi con Verdebufera, ma Darkrai evita le mosse e lo colpisce con un altro Geloraggio. Poi, Darkrai addormenta Sceptile con Vuototetro. Tuttavia, grazie allo speciale legame tra lui e Ash, il Pokémon riesce a sentire le parole del suo Allenatore e si risveglia. Sceptile contrattacca con Fendifoglia e manda KO Darkrai. Tobias è quindi per la prima volta costretto a usare il suo secondo Pokémon: il leggendario Latios! Nonostante sia affaticato dalla lotta precedente, Sceptile cerca di colpire l'avversario con Fendifoglia. Il successivo Gigaimpatto di Latios però non gli lascia scampo: Ash è costretto a richiamarlo nella sua Poké Ball ringraziandolo per il suo impegno.

FORSE NON SAPEVI CHE...

- Treecko impiega 59 episodi a evolversi in Grovyle, mentre il numero di episodi che impiega per evolversi in Sceptile è… esattamente l'inverso: 95!

- Sceptile è il primo Pokémon iniziale di tipo Erba di Ash ad arrivare allo stadio evolutivo finale.

- È l'unico tipo Erba di Ash che non conosceva alcuna mossa del suo tipo al momento della cattura.

- È uno dei pochi Pokémon di Ash ad avere un oggetto identificativo, in questo caso un rametto. Gli altri sono Squirtle e Krookodile, che indossano entrambi degli occhiali.

- Sceptile è il primo Pokémon di un personaggio principale della serie animata ad aver sconfitto un Pokémon misterioso in una lotta.

TREECKO

L'AVVENTURA CONTINUA IN LIBRERIA!

L'ENCICLOPEDIA

Per i fan della serie animata, un'enciclopedia ricchissima con tante informazioni sui personaggi, le città, le battaglie e le regioni del mondo dei Pokémon.

50 EPICHE BATTAGLIE

Scopri il mondo dei Pokémon attraverso le battaglie più entusiasmanti: dalle prime stagioni fino alle più recenti, esplorerai molte regioni e conoscerai tantissimi Allenatori diversi.